WORD
SEARCHES
FOR
BRiGHT
SPARKS

Puzzles and solutions by
Dr Gareth Moore
B.Sc (Hons) M.Phil Ph.D

Illustrations by Jess Bradley

Designed by Zoe Bradley

Edited by Nicola Baxter and Josephine Southon

Cover design by John Bigwood

WORD
SEARCHES
FOR
BRIGHT
SPARKS

Buster Books

First published in Great Britain in 2019 by Buster Books,
an imprint of Michael O'Mara Books Limited,
9 Lion Yard, Tremadoc Road, London SW4 7NQ

W www.mombooks.com/buster   f Buster Books   🐦 @BusterBooks

Puzzles and solutions © Gareth Moore 2019
Illustrations and layouts © Buster Books 2019

A CIP catalogue record for this book is available
from the British Library.

ISBN: 978-1-78055-630-7

2 4 6 8 10 9 7 5 3 1

Papers used by Buster Books are natural, recyclable products
made from wood grown in sustainable forests. The manufacturing processes
conform to the environmental regulations of the country of origin.

Printed and bound in October 2019 by CPI Group (UK) Ltd,
108 Beddington Lane, Croydon, CR0 4YY, United Kingdom

FSC
www.fsc.org

MIX
Paper from
responsible sources
FSC® C020471

INTRODUCTION

A wordsearch is a fun puzzle because everything you need to know is given to you on the page.

Each puzzle has two parts – a wordsearch grid at the top and a list of words at the bottom. All the words have been placed into the grid, hidden among other letters. It's up to you to find them. The words have all been written in a straight line, but that line can run in any direction, including diagonally and backwards. Words can also overlap.

When you find a word in the grid, mark it by circling it or drawing a line over it. You can also use a highlighter pen. You should then cross out the word in the list below, so you know you've already found it. Once you've found every word, you've finished!

Each page has a puzzle with a different theme. Some grids are an unusual shape, but this is just for fun. It doesn't change how the puzzle works.

Ignore spaces and punctuation in the 'clues' –
you won't find any in the puzzles themselves.

The puzzles in this book get tougher as the book
progresses. There are four difficulty levels to help
you become a bright and shining wordsearcher
– Rising Star, Shooting Star, Super Star and Supernova.

You can time yourself, too, if you like. There's a
space at the end of each page to note your time.

If you get stuck and can't find a word, try asking a
grown-up for help. If you're still stuck, the answers
are at the end of the book, but a bright spark like you
shouldn't need those.

Good luck, and have fun!

Introducing the Wordseaches Master:
Gareth Moore, B.Sc (Hons) M.Phil Ph.D

Dr Gareth Moore is an Ace Puzzler and author
of many puzzle and brain-training books.

He created an online brain-training site called
BrainedUp.com, and runs an online puzzle site called
PuzzleMix.com. Gareth has a Ph.D from the University
of Cambridge, where he taught machines to
understand spoken English.

H	E	A	R	M	E
T	S	L	S	T	L
O	R	S	S	L	S
U	S	A	E	T	E
C	T	M	T	S	E
H	S	S	S	E	L

HEAR
SEE
SMELL
TASTE
TOUCH

TIME

```
T  E  A  M  K  H
S  A  L  C  R  E
E  F  E  B  L  A
H  N  O  K  O  D
C  B  N  O  C  W
H  A  N  D  T  N
```

ANKLE   FOOT
ARM   HAND
CHEST   HEAD
ELBOW   NECK

TIME

U	C	Y	C	F	U
P	C	H	E	U	C
N	U	A	I	O	B
W	C	P	L	C	J
A	L	A	O	F	K
F	N	L	A	M	B

CALF   FAWN
CHICK   FOAL
JOEY   LAMB
CUB   PUP

TIME

```
L K A Z O O
B C F B P V
A E L U I I
N L U G A O
J L T L N L
O O E E O A
```

BANJO   KAZOO
BUGLE   PIANO
CELLO   VIOLA
FLUTE

TIME

```
I  A  E  B  E  N
P  N  N  A  O  E
B  L  S  G  G  P
I  O  A  E  E  A
R  R  G  N  C  L
D  D  B  A  T  E  T
```

ANGEL   DRAGON
BAT   INSECT
BIRD   PLANE

F	T	H	R	E	E
O	F	E	X	S	E
U	E	I	V	E	T
R	S	G	V	V	W
R	O	H	U	E	O
G	T	T	O	N	E

EIGHT   SEVEN

FIVE   SIX

FOUR   THREE

ONE   TWO

TIME

C	O	P	P	E	R
S	I	L	V	E	R
I	I	R	O	N	L
B	R	O	N	Z	E
R	Z	I	N	C	A
O	T	G	O	L	D

BRONZE   LEAD
COPPER   SILVER
GOLD   TIN
IRON   ZINC

TIME

```
C H D L Y E
O P E A C H
P L U M T R
L Y C H E E
M A N G O N
C H E R R Y
```

CHERRY   MANGO
DATE   PEACH
LYCHEE   PLUM

TIME

C L U C K H
B A R K M O
K L M E O W
K Y E L P L
S Q U A W K
P U R R T R

BARK
BLEAT
CLUCK
HOWL
MEOW
PURR
SQUAWK
YELP

TIME

D	F	A	R	E	D
O	B	W	Y	O	A
O	A	R	O	N	W
L	D	G	U	E	E
D	D	G	N	N	A	T
O	O	E	G	R	D

BAD   WET

DRY   NEAR

FAR   YOUNG

OLD

GOOD

TIME

```
G P O C S N U Y
H R O G L O Z A
A D U O E E U E
P H A M E P Y D
P G M N P S M O
Y L S H Y Y C P
B A S H F U L E
E P A H O Y H Y
```

BASHFUL   GRUMPY   SLEEPY
DOC   HAPPY   SNEEZY
DOPEY

TIME

```
G L A M B T R P
G A E W S A G I
T L H S G C E G
T A O G O H O S
H H E N O O H W
E E I R E E G E
A P S I E O N E
E E A P P N I E
```

COW   HEN   PIG
GOAT   HORSE   SHEEP
GOOSE   LAMB

TIME

S	C	O	W	Z	A	P	M
P	R	A	W	O	O	O	P
L	U	S	S	R	O	G	H
A	N	W	M	B	N	N	W
T	C	B	A	A	N	G	T
N	H	K	B	K	S	H	A
T	H	W	A	C	K	H	B
W	N	M	L	P	O	W	L

BANG   SMASH

CRUNCH   SPLAT

KABOOM   THWACK

POW   ZAP

TIME

I FEEL ...

```
G L U C K Y P U
A C Y N M S T T
H D R O G C E I
D A O Y S A B R
I L P S A R R E
G L C P D E A D
P D L R Y D V M
H U N G R Y E K
```

BRAVE   HUNGRY   SCARED

GLOOMY   LUCKY   TIRED

HAPPY   SAD

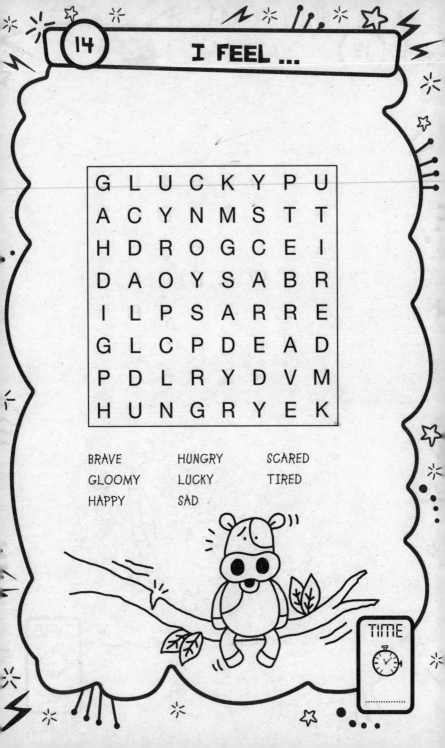

TIME

A	M	I	S	L	A	N	D
R	O	F	D	F	R	L	N
J	U	L	O	E	I	B	E
U	N	B	E	R	V	E	A
N	T	K	E	R	E	A	R
G	A	L	O	A	R	S	A
L	I	N	E	H	C	E	T
E	N	A	U	F	S	H	N

BEACH
FOREST
ISLAND
JUNGLE
LAKE
MOUNTAIN
RIVER
SEA

TIME
....

PLANETS

```
N S A T U R N R
E U A E I T E R
P U R R R T U V
T U R A I R H E
U V C P N T U N
N U U U R U T U
E J M A R S S S
A M E R C U R Y
```

EARTH   NEPTUNE
JUPITER   SATURN
MARS   URANUS
MERCURY   VENUS

TIME

BIRDS

P	O	C	I	N	O	E	N
P	S	R	S	N	L	I	N
D	T	A	F	G	F	I	K
U	R	N	A	F	U	L	L
C	I	E	U	G	W	E	N
K	C	P	N	O	F	R	N
N	H	E	E	L	R	I	E
G	P	P	A	R	R	O	T

CRANE   OSTRICH   PENGUIN
DUCK   OWL   PUFFIN
EAGLE   PARROT

TIME

COUNTRIES

Z	B	R	A	Z	I	L	J
A	P	S	U	Z	N	A	N
M	N	P	D	A	I	I	P
B	A	I	I	R	A	D	O
I	E	D	T	P	I	U	L
A	N	S	S	E	A	I	A
I	U	K	E	N	Y	A	N
A	E	S	F	I	J	I	D

AUSTRIA   KENYA
BRAZIL   POLAND
FIJI   SPAIN
INDIA   ZAMBIA

TIME

STRONG WORDS

E	D	R	I	V	E	E	I
E	S	T	A	M	I	N	A
V	I	T	A	L	I	T	Y
P	O	W	E	R	S	G	H
F	O	R	C	E	P	F	I
A	P	P	E	T	I	T	E
S	T	R	E	N	G	T	H
A	P	S	T	P	E	N	Y

APPETITE   PEP   STRENGTH
DRIVE   POWER   VITALITY
FORCE   STAMINA

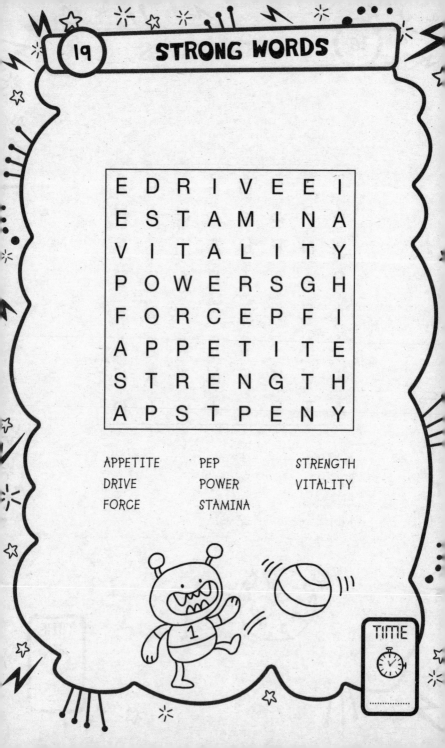

TIME
....

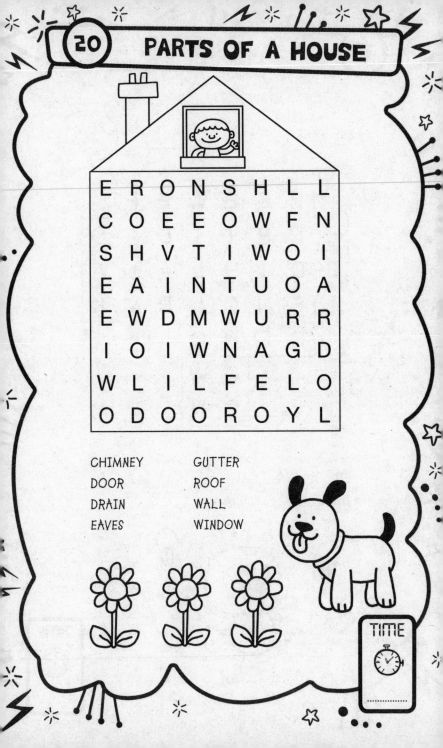

E	R	O	N	S	H	L	L
C	O	E	E	O	W	F	N
S	H	V	T	I	W	O	I
E	A	I	N	T	U	O	A
E	W	D	M	W	U	R	R
I	O	I	W	N	A	G	D
W	L	I	L	F	E	L	O
O	D	O	O	R	O	Y	L

CHIMNEY   GUTTER
DOOR   ROOF
DRAIN   WALL
EAVES   WINDOW

TIME

```
        C O C
    E E B W E P
  E L P I I D A O
  B D I R L A L A
  E N C L R M K
  R E H O L
        C W
        C H
```

BEECH   ELDER   PINE

BIRCH   OAK   WILLOW

CEDAR   PALM

TIME

I	L	R	I	B	B	B	R
L	I	N	E	A	E	L	O
K	B	F	R	N	D	I	I
I	R	L	O	A	R	W	C
T	A	O	B	N	O	G	I
E	R	W	O	A	O	T	C
I	Y	E	T	D	M	O	L
N	F	R	C	B	L	G	E

*things that you can touch, such as objects, places or animals

BANANA	ICICLE
BEDROOM	KITE
DOG	LIBRARY
FLOWER	ROBOT

TIME

REGULAR VERBS*

```
I  G  N  O  R  E  Y  R
A  D  M  I  R  E  E  E
F  D  W  H  O  T  B  A
O  E  T  A  I  F  E  C
L  W  O  C  S  H  H  H
L  A  X  B  H  H  A  N
O  E  O  Y  E  T  V  E
W  E  G  A  W  Y  E  O
```

*you add -d or -ed to regular
verbs to make them past tense

ADMIRE	IGNORE
BEHAVE	OBEY
EXCITE	REACH
FOLLOW	WASH

TIME

```
    S       D
  H O O D I E
  L E G G I N G S
H S W E A T E R
O   H E S   T   E
    G I A S
    S O R A
    C E I T
```

COAT   SARI
HOODIE   SHIRT
LEGGINGS   SWEATER

TIME

A	F	P	C	E	S	H	E
E	E	B	E	H	R	E	I
R	L	P	R	N	A	S	Y
A	T	A	C	U	C	L	N
S	T	P	E	H	S	I	K
E	I	E	S	U	O	H	L
R	P	R	C	G	L	U	E
T	S	C	R	A	Y	O	N

BRUSH   ERASER   PAPER
CHALK   FELT-TIPS   PENCIL
CRAYON   GLUE

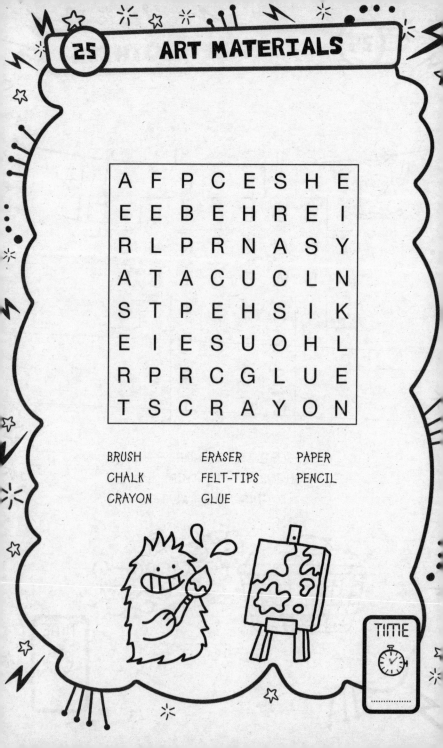

TIME

....

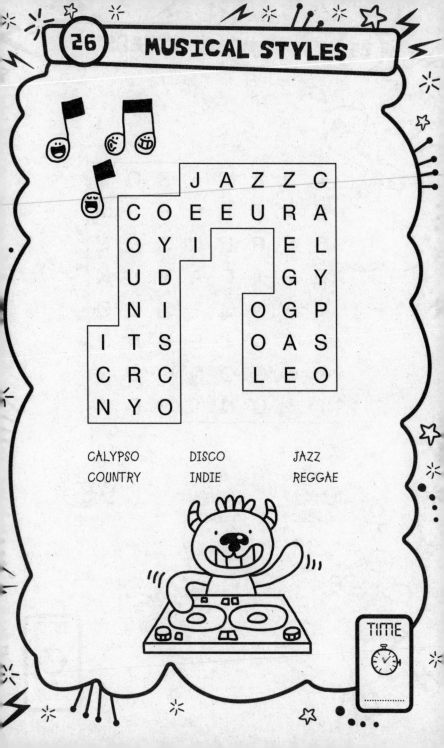

CALYPSO   DISCO   JAZZ

COUNTRY   INDIE   REGGAE

TIME

FAMOUS RIVERS

```
G N A M A Z O N
N I O G N S U M
O L R E U C K E
E E I D A Y N K
Y A N G T Z E O
N I O I E Y A N
N O C O N G O G
I I O N I G E R
```

AMAZON   NIGER
CONGO   NILE
INDUS   ORINOCO
MEKONG   YANGTZE

TIME

PETS

```
B T P M F I T E
G F S E B I O S
E O O R B G S A
R S H B C A T H
B H A M S T E R
I R R H I E D I
L M O U S E O B
M O P O N Y G A
```

CAT	HAMSTER
DOG	MOUSE
FISH	PONY
GERBIL	RABBIT

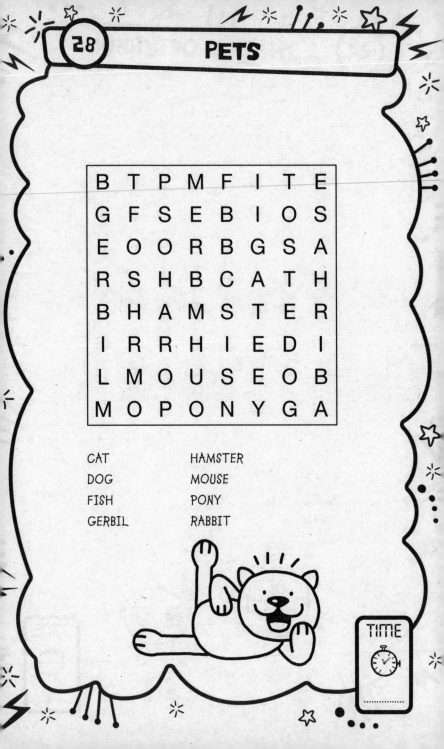

TIME

SHADES OF GREEN

D	T	N	I	M	L	R	E
L	L	P	S	A	O	L	A
I	P	A	R	S	P	R	E
M	J	A	R	P	A	V	O
E	O	A	A	E	I	R	L
D	E	E	D	L	M	T	G
F	S	G	O	E	O	E	E
M	F	O	R	E	S	T	E

APPLE   JADE

EMERALD   LIME

FOREST   MINT

GRASS   OLIVE

TIME

SHADES OF BLUE

M	Y	I	O	N	T	R	E
I	I	A	A	L	A	R	A
R	I	D	A	Z	I	V	O
H	O	B	N	H	U	G	Y
M	O	Y	P	I	I	R	Y
C	G	P	A	D	G	K	E
A	A	U	N	L	S	H	H
S	O	I	E	H	Y	H	T

AZURE
COBALT
INDIGO
MIDNIGHT
NAVY
ROYAL
SAPPHIRE
SKY

TIME
....

SHOOTING STAR

E	B	E	N	G	I	O	O	O	N
N	B	O	L	R	R	G	R	I	G
L	H	A	L	B	E	E	L	O	B
K	E	A	L	S	B	T	E	O	O
E	H	T	P	L	C	O	T	N	O
L	L	I	T	P	O	H	W	A	K
N	T	B	P	E	Y	O	O	B	P
Y	O	S	B	P	R	O	N	O	R
E	O	L	E	U	O	O	H	O	L
S	I	L	L	Y	B	N	L	E	A

BALLOON   IGLOO
BOOK   LETTER
BUBBLE   PATTERN
GREEN   SCHOOL
HAPPY   SILLY
HIPPO   WOBBLE

TIME

```
R A T R E E S U T G
S E F O R O I T A P
S E L B A T E G E V
E A O K B I E O T T
P S W H N E T T P W
O O E H C I G E A B
N T R A S N R D E G
D O S E E N E P E S
L A W N H S U B S H
L H E R B S E D S B
```

BENCH   HEDGE   POND

BUSH   HERBS   SPRINKLER

FLOWERS   LAWN   TREES

GATE   PATIO   VEGETABLES

TIME

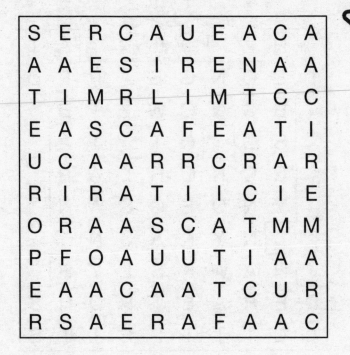

S	E	R	C	A	U	E	A	C	A
A	A	E	S	I	R	E	N	A	A
T	I	M	R	L	I	M	T	C	C
E	A	S	C	A	F	E	A	T	I
U	C	A	A	R	R	C	R	A	R
R	I	R	A	T	I	I	C	I	E
O	R	A	A	S	C	A	T	M	M
P	F	O	A	U	U	T	I	A	A
E	A	A	C	A	A	T	C	U	R
R	S	A	E	R	A	F	A	A	C

AFRICA   ASIA
AMERICA   AUSTRALIA
ANTARCTICA   EUROPE

TIME

OWLS

```
A N         A I
L L O N G E A R E D
  B S N O W Y T B
  S O   O T   T A
  E C R O R L A R
  Y N O E O S W N
    N Y P A S N
  H A W K S L Y R
D E R A E T R O H S
L L I T T L E T T B
```

BARN   LITTLE   SHORT-EARED

BOREAL   LONG-EARED   SNOWY

HAWK   SCOPS   TAWNY

TIME

FEELING SLEEPY

```
S S L U G G I S H D
S L E E P I N G R E
U T U G N I Z O D T
I I N M R I W I P S
D R L S B S H N S U
H E A V Y E Y E D A
S D T U O N R O W H
D E N I A R D I P X
N A P P I N G N N E
C I G R A H T E L G
```

DOZING
DRAINED
DROWSY
EXHAUSTED
HEAVY-EYED
LETHARGIC
NAPPING
SLEEPING
SLUGGISH

SLUMBERING
TIRED
WORN OUT

ZZZZZZZZZZZ

TIME

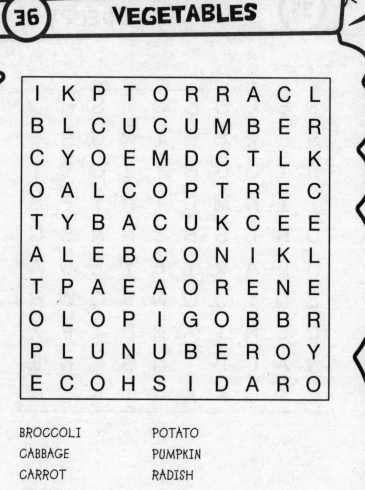

```
I K P T O R R A C L
B L C U C U M B E R
C Y O E M D C T L K
O A L C O P T R E C
T Y B A C U K C E E
A L E B C O N I K L
T P A E A O R E N E
O L O P I G O B B R
P L U N U B E R O Y
E C O H S I D A R O
```

BROCCOLI   POTATO
CABBAGE   PUMPKIN
CARROT   RADISH
CELERY
CUCUMBER
LEEK
LETTUCE
ONION
PEA

TIME

....

MONTHS

```
J  F  R  L  I  R  P  A  R  I
U  R  E  F  A  O  E  U  E  E
N  E  B  B  B  Y  U  N  B  Y
E  B  M  M  R  P  T  M  O  R
H  M  E  B  B  U  A  A  T  A
C  E  T  O  L  Y  A  U  C  U
R  V  P  Y  L  U  J  R  O  N
A  O  E  R  O  U  P  E  Y  A
M  N  S  A  U  G  U  S  T  J
R  E  B  M  E  C  E  D  B  O
```

APRIL
AUGUST
DECEMBER
FEBRUARY
JANUARY
JULY
JUNE
MARCH
MAY

NOVEMBER
OCTOBER
SEPTEMBER

TIME

```
H  M  E  C  I  L  E  M  O  N
O  R  L  E  L  L  N  Y  G  T
N  I  P  A  E  I  O  T  E  M
E  Y  P  L  V  E  M  F  M  A
Y  R  A  M  O  E  A  E  T  P
N  R  G  Y  G  M  N  M  U  L
R  E  P  P  E  P  N  D  N  E
Y  H  R  N  T  N  I  M  E  R
E  C  P  N  N  A  C  P  I  R
A  L  A  L  E  E  F  F  O  T
```

APPLE
CHERRY
CINNAMON
HONEY
LAVENDER
LEMON
LIME
MAPLE
MINT
NUTMEG

PEPPER
TOFFEE

TIME

....

FIRST NAMES

```
Y  J  Y  L  A  A  M  L  A  L
S  M  S  A  M  N  S  A  J  U
E  S  A  E  C  A  N  S  A  K
L  S  L  M  I  I  O  A  I  E
N  I  A  R  S  F  S  F  C  J
A  A  A  A  I  A  A  S  L  L
S  A  M  A  I  A  I  O  E  A
A  O  S  Z  U  I  D  S  T  J
T  A  O  A  E  L  A  A  A  M
S  E  M  A  J  A  N  A  E  A
```

AIDAN	JESSICA
AMELIA	LUKE
AMY	SAIRA
ANNA	SOFIA
ILA	TOMAS
JAMES	ZOE

TIME

WATERY WORDS

```
R T E K E E R C M I
L D S K T K D H A A
A N T T A R A H R E
N U U E I L F D S S
A S A R T A L E H T
C O R C T E R L E S
A L Y D R W E T A R
R R A P I D S A S K
R L L A F R E T A W
E E R Y R A H K R L
```

CANAL
CREEK
DELTA
ESTUARY

LAKE
MARSH
RAPIDS
REEF

SEA
STRAIT
WATERFALL

TIME

....

FLOWER POWER

```
      D       E
  V I O L E T O L
C A R N A T I O N Y
  A E L A Z A P L
  D A F F O D I L
R E W O L F L L A W
  O R C H I D U I
  W     E R     T
        W I
        O S
```

AZALEA
CARNATION
DAFFODIL
IRIS
LILY
ORCHID
TULIP
VIOLET
WALLFLOWER

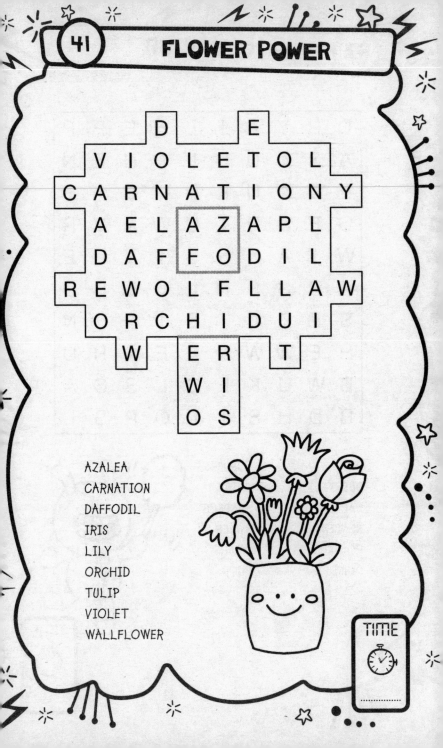

TIME

```
D R Y A I L E E P P
A S D U D L P N E N
E D O U K R I E A P
O E S R I U W A Y R
W T A N S S T T R E
A P S S H L E E B D
S E D L I E I N U N
H E W W N R E A R U
B W U K E S L S C A
B D H S I L O P S L
```

DRY
DUST
LAUNDER
NEATEN
POLISH
RINSE

SCRUB
SHINE
SPARKLE
SWEEP
WASH
WIPE

TIME

PIZZA TOPPINGS

```
        P C
      E E H E O
    G P E O Z B
  O A P E T I A M
  L S E S A R C A
  I U R E M O O H
F V A O A O H N
E E S N H T C
S E S U I
A B T
```

BACON	OLIVES
BEEF	PEPPERONI
CHEESE	SAUSAGE
CHORIZO	TOMATO
HAM	TUNA

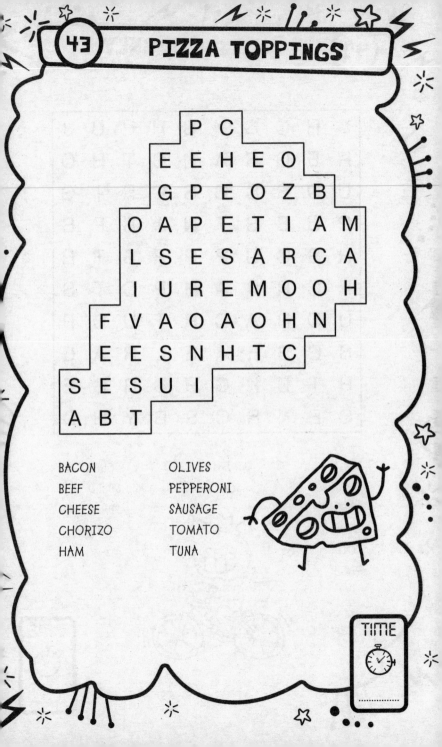

TIME

....

Y	H	C	C	Y	S	H	H	U	J
H	E	G	R	A	H	C	T	H	O
U	D	R	S	C	S	R	R	I	G
P	U	E	S	T	N	I	R	P	S
H	S	O	C	P	P	R	S	T	R
R	C	R	R	A	H	P	C	T	S
U	O	R	A	C	R	T	U	D	P
S	O	B	E	A	E	L	R	A	E
H	T	E	P	G	H	O	R	S	E
C	E	Y	R	C	S	B	Y	H	D

BOLT

CHARGE

DASH

HURRY

JOG

RACE

RUSH

SCOOT

SCURRY

SPEED

SPRINT

TIME

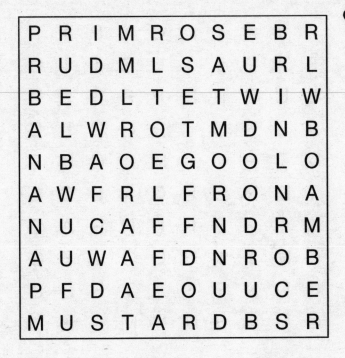

P	R	I	M	R	O	S	E	B	R
R	U	D	M	L	S	A	U	R	L
B	E	D	L	T	E	T	W	I	W
A	L	W	R	O	T	M	D	N	B
N	B	A	O	E	G	O	O	L	O
A	W	F	R	L	F	R	O	N	A
N	U	C	A	F	F	N	D	R	M
A	U	W	A	F	D	N	R	O	B
P	F	D	A	E	O	U	U	C	E
M	U	S	T	A	R	D	B	S	R

AMBER   DAFFODIL   PRIMROSE
BANANA   GOLD   SAFFRON
BLONDE   LEMON   STRAW
BUTTERCUP   MUSTARD   SUNFLOWER

TIME

SHADES OF PINK

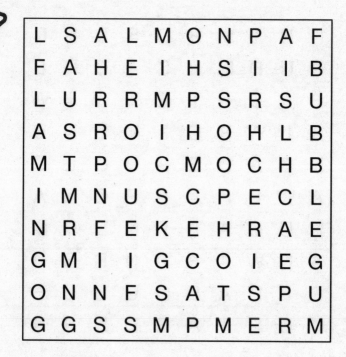

L	S	A	L	M	O	N	P	A	F
F	A	H	E	I	H	S	I	I	B
L	U	R	R	M	P	S	R	S	U
A	S	R	O	I	H	O	H	L	B
M	T	P	O	C	M	O	C	H	B
I	M	N	U	S	C	P	E	C	L
N	R	F	E	K	E	H	R	A	E
G	M	I	I	G	C	O	I	E	G
O	N	N	F	S	A	T	S	P	U
G	G	S	S	M	P	M	E	R	M

BUBBLEGUM   MAGENTA

CERISE   PEACH

CORAL   ROSE

FLAMINGO   SALMON

FUCHSIA   SHOCKING

HOT   SHRIMP

TIME

....

```
S O E N M O U T H N
W S E E H R E C I E
O F F Y T M H H S E
R O A R E E C O U A
B R P U E S N G L E
E E H K T C N U I A
Y H S H S O K E P R
E E K K T A E L S S
C A P H K L E N E S
O D I E O C H O E S
```

CHEEKS   NOSE
CHIN   TEETH
EARS   TONGUE
EYEBROWS
EYES
FOREHEAD
FRECKLES
LIPS
MOUTH

TIME

```
O T N E R R A Z I B
U N C O M M O N F D
L A M R O N B A D E
K O O K Y T N O Y E
D R I E W T D O C D
O U T L A N D I S H
L A U S U N U A E A
S A T T A E B F F O
M I P E C U L I A R
C T N E R E F F I D
```

ABNORMAL   UNCOMMON
BIZARRE   UNUSUAL
DIFFERENT   WEIRD
FANTASTIC
KOOKY
ODD
OFFBEAT
OUTLANDISH
PECULIAR

TIME
....

JUICES

E	B	L	U	E	B	E	R	R	Y
R	E	B	M	U	C	U	C	A	A
O	A	G	T	M	L	I	M	E	P
G	R	U	P	O	A	M	B	G	P
C	A	A	C	E	R	N	A	U	L
B	L	V	N	E	A	R	G	C	E
R	M	A	P	G	P	R	A	O	O
R	R	G	N	C	E	A	V	C	E
Y	R	R	E	B	W	A	R	T	S
A	E	L	E	M	O	N	R	G	A

APPLE
BLUEBERRY
CARROT
CUCUMBER

GRAPE
GUAVA
LEMON
LIME

MANGO
ORANGE
PEAR
STRAWBERRY

TIME

```
        M I
        C P
  B L A C K C A T
B R O O M S T I C K
T W S   L I   L O K
A T I   K   V S C
E O C T O B E R T I
R T T   C   R   U R
T A C C   H   O M T
  N I K P M U P E
```

BLACK CAT   TREAT
BROOMSTICK   TRICK
COSTUME   WITCH
OCTOBER
PUMPKIN

TIME

S	S	S	E	V	O	L	G	L	I
N	A	M	W	O	N	S	E	C	R
I	Z	G	N	I	Z	E	E	R	F
D	S	E	S	O	S	R	E	E	O
L	E	I	E	F	R	O	S	T	A
O	I	D	E	I	B	F	S	T	T
C	R	I	I	C	I	C	L	E	S
L	R	E	R	I	A	N	E	L	T
E	E	I	R	R	R	L	E	L	V
I	B	R	F	S	S	D	E	O	L

BERRIES   GLOVES   SLED
COLD   ICE   SLEET
FREEZING   ICICLES   SNOWMAN
FROST   SCARF

TIME

R	G	N	I	M	M	I	W	S	E
E	E	W	A	T	E	S	E	F	C
M	R	L	A	P	E	A	S	H	O
A	C	E	A	A	I	R	E	U	S
E	H	A	S	X	E	C	T	U	B
R	A	I	M	W	A	D	N	P	E
C	D	C	O	P	O	T	L	I	A
E	I	L	F	O	A	M	I	G	C
C	F	M	R	N	A	F	A	O	H
I	I	S	S	E	M	A	G	C	N

BEACH   ICE CREAM   SEASIDE
CAMP   OUTDOORS   SUNTAN
FLOWERS   PICNIC   SWIMMING
GAMES   RELAXATION
HEAT

TIME

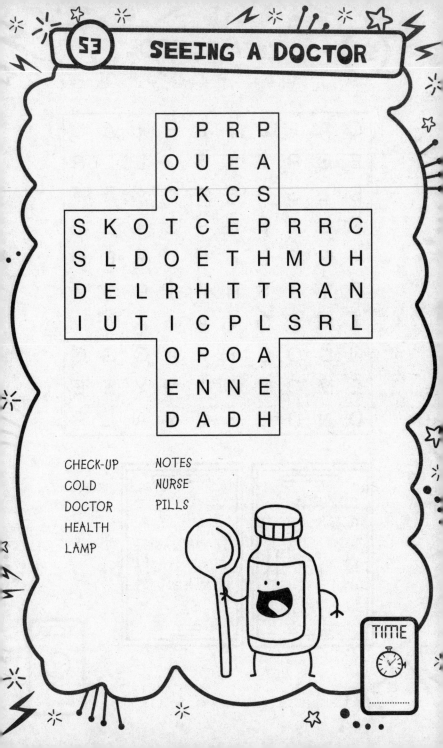

```
        D P R P
        O U E A
        C K C S
S K O T C E P R R C
S L D O E T H M U H
D E L R H T T R A N
I U T I C P L S R L
        O P O A
        E N N E
        D A D H
```

CHECK-UP   NOTES
COLD   NURSE
DOCTOR   PILLS
HEALTH
LAMP

TIME

```
C A F E T E R I A C
E S R E K C O L L R
C L S R E H C A E T
N C I F R S S J S R
A G E B K S E E E O
R Y K S R P T C S A
T M E O T A I A A I
N D O O I F R O G C
E M O L F T N Y K E
D N U O R G Y A L P
```

CAFETERIA
CLASSROOM
DESKS
ENTRANCE
GYM
LIBRARY

LOCKERS
OFFICE
PLAYGROUND
STAGE
TEACHERS

TIME

55 BUILDINGS

A	R	H	O	S	P	I	T	A	L
H	H	F	C	K	C	A	H	S	A
F	R	N	A	C	Y	T	T	C	A
L	A	R	M	C	H	O	T	E	L
O	M	A	A	P	T	U	O	P	S
O	E	B	N	A	L	O	R	H	H
H	N	E	S	L	E	O	R	C	B
C	I	E	I	A	C	T	L	Y	H
S	C	M	O	C	T	R	O	F	O
T	L	H	N	E	L	B	A	T	S

BARN   FORT   PALACE

CHURCH   HOSPITAL   SCHOOL

CINEMA   HOTEL   SHACK

FACTORY   MANSION   STABLE

TIME

I	A	S	R	A	G	R	U	D	R
T	P	J	U	P	I	T	E	R	D
A	S	R	A	M	P	S	H	A	A
V	H	E	R	M	E	S	U	O	R
R	E	R	O	S	D	G	S	E	R
A	U	K	O	K	I	A	D	D	Z
P	S	A	R	A	S	W	A	T	I
I	G	A	N	A	Z	I	P	E	T
E	R	A	I	L	A	K	E	R	D
J	N	O	D	I	E	S	O	P	R

DAIKOKU
DURGA
HERMES
IZANAGI
JUPITER
KALI

MARS
PARVATI
POSEIDON
SARASWATI
THOR
ZEUS

TIME

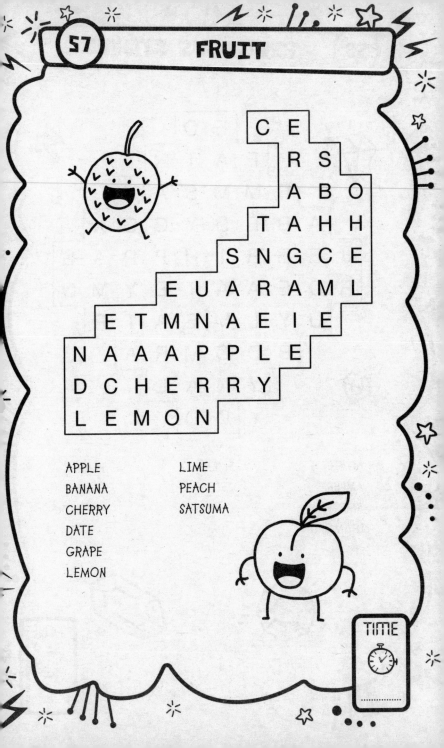

```
            C E
            R S
          A   B O
          T   A H H
          S   N G C E
        E U A R A M L
      E T M N A E I E
    N A A A P P L E E
    D C H E R R Y
    L E M O N
```

APPLE   LIME
BANANA   PEACH
CHERRY   SATSUMA
DATE
GRAPE
LEMON

TIME

```
      E O
    E A T N
  D M M S A Y
A B E D Y G G X
J E E R I H P P A S
R D E A A T E Y M O
U Y L M E A T P
  B D O M R A
    Y N A L
      D O
```

AGATE   EMERALD   PEARL
AMBER   JADE   RUBY
AMETHYST   ONYX   SAPPHIRE
DIAMOND   OPAL

TIME

```
T M R E R U T A N S
S W S S E V A E L S
T T T U R S R A I N
T R C A N E S A F R
A E E E N L W O I S
L I R E S I I O M U
R R I G S N M G L S
S T I U R F I A H F
P L A N T S R E L T
S R H R E B I R D S
```

ANIMALS
BIRDS
FLOWERS
FRUIT
INSECTS

LEAVES
MOSS
NATURE
PLANTS
RAIN
SUNLIGHT
TREES

TIME

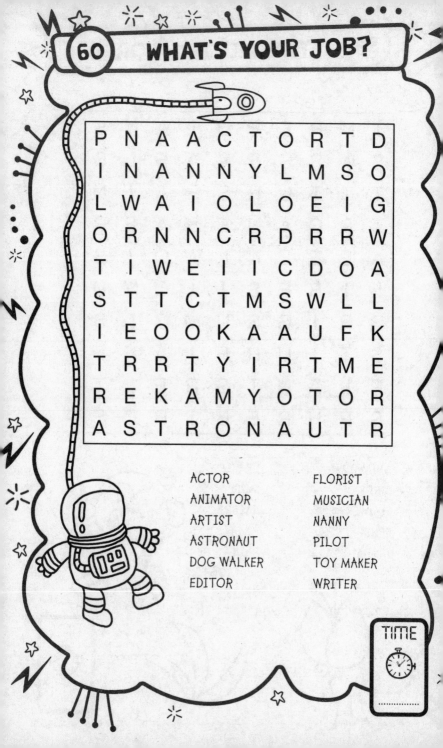

```
P N A A C T O R T D
I N A N N Y L M S O
L W A I O L O E I G
O R N N C R D R R W
T I W E I I C D O A
S T T C T M S W L L
I E O O K A A U F K
T R R T Y I R T M E
R E K A M Y O T O R
A S T R O N A U T R
```

ACTOR
ANIMATOR
ARTIST
ASTRONAUT
DOG WALKER
EDITOR

FLORIST
MUSICIAN
NANNY
PILOT
TOY MAKER
WRITER

TIME

```
M R F A N T A S T I C H I
A G G H U M A N T O R C H
N D N B A T M A N P I L A
W A A I I B O P R B S D N
O E M R H O E T O P H E A
L O N O E T G S G E S R M
V A O H W D E E U H A O R
E R R T U R E H E R L B E
R T I C N H E V T D F I P
I C R V U H I D I G E N U
N E O L H M E A N L H K S
E L K N W U G A F O T M E
C E Y O B R E P U S W L O
```

BATMAN
DAREDEVIL
ELECTRA
HULK
HUMAN TORCH
IRON MAN
MR FANTASTIC
ROBIN

ROGUE
SUPERBOY
SUPERMAN
THE FLASH
THE THING
THOR
WOLVERINE
WONDER WOMAN

TIME

....

```
        K H E V S T
      T O D R G H O S T
  R A O W I Z A R D I
  L P I P E D L   M E S
I S P M   E R     G P
  O A     A E W P R I L
H V R E O O T   W P E R U
H T I A R W     R O T I O
R E T S N O M E D   L T H
O L I I           O F G
  P O O E I B M O Z P
  D N M O T N A H P
      P I     H W C
```

APPARITION   POLTERGEIST   VAMPIRE

DEMON   SHADE   WEREWOLF

GHOST   SPIRIT   WIZARD

GHOUL   SPOOK   WRAITH

MONSTER   ZOMBIE

PHANTOM

TIME

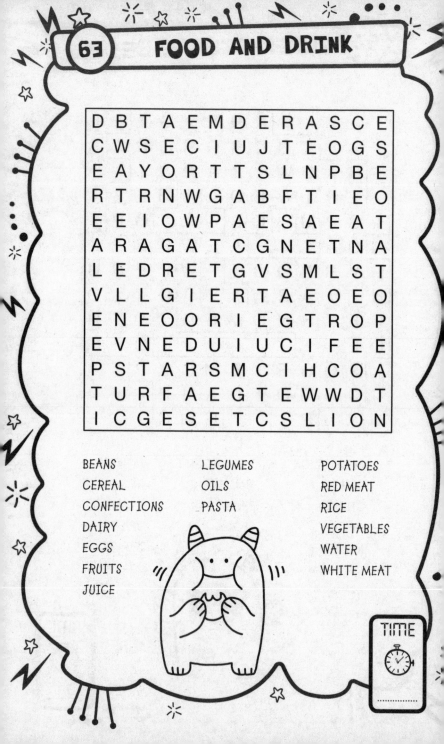

```
D B T A E M D E R A S C E
C W S E C I U J T E O G S
E A Y O R T T S L N P B E
R T R N W G A B F T I E O
E E I O W P A E S A E A T
A R A G A T C G N E T N A
L E D R E T G V S M L S T
V L L G I E R T A E O E O
E N E O O R I E G T R O P
E V N E D U I U C I F E E
P S T A R S M C I H C O A
T U R F A E G T E W W D T
I C G E S E T C S L I O N
```

BEANS

CEREAL

CONFECTIONS

DAIRY

EGGS

FRUITS

JUICE

LEGUMES

OILS

PASTA

POTATOES

RED MEAT

RICE

VEGETABLES

WATER

WHITE MEAT

TIME

IN FAIRY TALES

```
G C I N D E R E L L A B D
L S D S S G U R P L C O S
E L K E S I N I D B O U R
Z E I C M E N W I H G E A
N S E N O O C G G L R B E
U N M C C L B N Y E M G B
P A K C D A I S I U E R E
A H H J D D I D H R S E E
R I A W I S L T L M P T R
O C O R T R M L B O E E H
K L D E M O A M E J G L T
F E R E T I H W W O N S A
R S H C T I W D E K C I W
```

BIG BAD WOLF

CINDERELLA

GOLDILOCKS

GRETEL

HANSEL

JACK

PINOCCHIO

PRINCESS

RAPUNZEL

RED RIDING HOOD

SNOW WHITE

THREE BEARS

TOM THUMB

UGLY SISTERS

WICKED WITCH

TIME

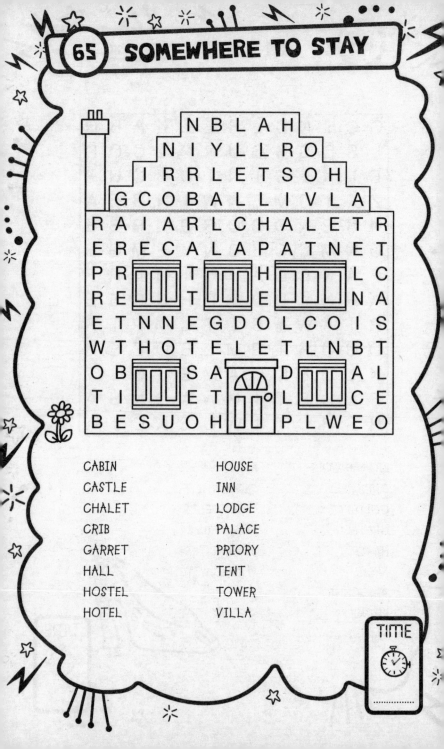

```
              N B L A H
            N I Y L L R O
          I R R L E T S O H
        G C O B A L L I V L A
    R A I A R L C H A L E T R
    E R E C A L A P A T N E T
    P R       T T   H       L C
    R E       T T   E       N A
    E T N N E G D O L C O I S
    W T H O T E L E T L N B T
    O B       S A T   D     A L
    T I       E T     L     C E
    B E S U O H       P L W E O
```

CABIN
CASTLE
CHALET
CRIB
GARRET
HALL
HOSTEL
HOTEL

HOUSE
INN
LODGE
PALACE
PRIORY
TENT
TOWER
VILLA

TIME

ANCIENT EGYPT

```
D Y N F P S P H I N X E A
D H P Y R A M I D S H P F
M U M M Y O B E L I S K T
H O A R A H P H I S S H E
R R O S I R I S I M P K R
S E S S L R D T E Y Y A L
P E L I N Y I R L F S M I
G D P A N T S G A C S U F
L S I A R P O E R L I L E
L H S E T R D I V X R E Y
S T F P E I B Y X A S T R
Y E E I N E D S L T L T B
N T H E B E S T R R H S S
```

AFTERLIFE
AMULET
DYNASTY
HIEROGLYPH
MUMMY
NEFERTITI
NILE
OBELISK

OSIRIS
PHARAOH
PYRAMID
REEDS
SCRIBE
SLAVES
SPHINX
THEBES

TIME

```
S C I E M P E R O R C L G
S S D A D A O H A H C N S
R R E N G E F N N H I O I
O E I L R S E R I K G S A
C P S I T L E N I A S N E
K H N S T H S R P C T L R
H L T T T G A A A A O T
O G I U R E L I R N Y N M
P L O A I A T C L A S O S
P S P L G L T R L F A N B
E A E E F I O R D L A N D
R D P L C I N O R A C A M
A P H U M B O L D T R D R
```

ADELIE	HUMBOLDT
AFRICAN	KING
ANTARCTIC	LITTLE
CHINSTRAP	MACARONI
EMPEROR	ROCKHOPPER
FIORDLAND	ROYAL
FLIGHTLESS	SNARES
GALAPAGOS	SOUTHERN

TIME

```
R S N L D A F M E F I W B
I N R O O I O N H I U H R
A U N T M B S N I C E H O
H L R O S I T G C E R S T
O T H U I D E E H H D I H
T I N E S N R H H R I B E
C R N A T W P U E E F L R
R O N L E E A S N T A I D
W U U T R H R B I H T N D
T E C S D P E A E G H G R
R F O E I E N N C U E R F
W N N I U N T D E A R A C
R M O T H E R B T D A D E
```

AUNT
BROTHER
CHILD
COUSIN
DAD
DAUGHTER
FATHER
FOSTER-PARENT

HUSBAND
MOTHER
NEPHEW
NIECE
SIBLING
SISTER
SON
WIFE

TIME

TIME FOR BED

```
        P M
        E A
        E R
        L D
        S S
S R W F O R T Y W I N K S
I S E O E F F O D O N S L
E I W S N A P F K I P O U
S S H U T E Y E O D A D M
T F F O T F I R D P O O B
A S N O O Z E I O Z O I E
E T U O N R O W E W Z R R
E O                   Z D
```

DOZE	NAP	SLUMBER
DREAM	NOD OFF	SNOOZE
DRIFT OFF	REST	WORN OUT
DROP OFF	SHUT-EYE	ZZZ
FORTY WINKS	SIESTA	
KIP	SLEEP	

TIME

```
I V S A B N A M I B A T I
N I S A B T A E R G A O M
A S I B E A K K N K A R R
H A H R A O L R L A D N S
S H H B U L N A L Z Z K S
A A N R I A M A U U I A O
L R H B I A D N M R A V N
A A O B K K G U A T N I O
A G A A A A K H S R A R R
N R N P R A A O I U I A A
A U T I R L D A T T B S N
R E A A A R Z A A S U I T
B T K K O S T I A N N L U
```

ALASHAN   KAVIR

ARABIAN   NAMIB

BETPAK-DALA   NUBIAN

DZUNGARIA   ORDOS

GOBI   SAHARA

GREAT BASIN   SONORAN

KALAHARI   STURT

KARAKUM   TAKLAMAKAN

TIME

PURPLE THINGS

```
P S O R O I S T E L O I V
A S M U E A A R C A L I L
S R I U S D M T O M I R N
S E U L L E C E S V A I L
I S C S A P N A T S L S T
O N L I E V T U B H E E E
N I I R U P E S R B Y S S
F S S A L J A N I P A S D
R I L B O E E R D G S G T
U A Y R E S I P G E L A E
I R I S G I F P A D R S I
T F G I H G M S R R E H A
I S A T U R N I P S G R I
```

AMETHYST

FIGS

GRAPE JUICE

IRISES

LAVENDER

LILAC

PASSION FRUIT

PLUMS

PRUNES

RAISINS

RED CABBAGE

RED GRAPES

TURNIPS

VIOLETS

TIME

....

ORANGE STUFF

```
S L I F E J A C K E T S E
V O C L O W N F I S H R S
B A S K E T B A L L S E G
A S P E A C H E S S N A O
S T L G P S G F D O E P L
T O A I F U L L C E U A D
O R V F K A O C A M D T F
C R A M M G I L P M I T I
I A E E I F A K A G B E S
R C S R F S I S E T K E H
P G A A I N S R P R N E R
A M R T S E S U P F S A C
S T R L S A M U S T A S C
```

AMBER
APRICOTS
BASKETBALLS
CANTALOUPES
CARROTS
CLOWNFISH
FLAMES
GOLDFISH

LAVA
LIFE JACKETS
MARIGOLDS
PEACHES
PUMPKINS
SATSUMAS
TIGERS
TRAFFIC CONES

TIME

```
D R A Z I L R D D E L A L
L A E F R O G E G E F E O
E B I V O B E A S R R W E
S R G D A T R U G R L T N
A R M E A E O E I O L T E
E R I O G M B U R E F R T
W O T D D E Q E E T A E R
I S A L M S E I T B L E A
A B E T D D Q I B O D B M
F I A E E P E I W D A A E
F B R O O M T A E G E D N
O R R D D E E E S I O G I
T T X E L P R R X O F R P
```

BADGER	FROG	RED DEER
BAT	LIZARD	RED SQUIRREL
BEAVER	OWL	ROE DEER
FIELD MOUSE	PINE MARTEN	STOAT
FOX	RABBIT	TOAD
		WEASEL

TIME

```
      H E L H T
    H H C E A A O
    C A       R T
    M C       C S
A T E O Y A T E E E H B E
I R H E S I S N P S K E C
A P N K C A O A C S C A H
K O O K C H S L S A O C A
M O E T P S O C S L L H R
B T I D P T P U E G B W G
S U A O H K G S M N N E E
S E R E E C G E A U U A R
H T S S Y L S B G S S R S
```

BEACHWEAR	GAMES	SUITCASE
BOOKS	HAT	SUNBLOCK
CAMERA	HEADPHONES	SUNGLASSES
CHARGER	MONEY	TICKETS
CLOTHES	PASSPORT	

TIME

```
E N H E S O C H E C K I N
T T O N L A T N R U T E R
R S E I O E T E F I L I C
O E G C T M T A R A F Y T
U T A T G A S O V S E R A
T O G N R E N I H N A I K
E F G M O R R I R P R T E
V F A P A R Y U T P G R O
N U B C A P O R O S D T F
I N O E T J E R R A E R F
M S I R U O T B U E G D O
N O I S R U C X E R F U R
E G R E N O I T A T S U S
```

AIRPORT   HOTEL   MAP
ARRIVAL   JOURNEY   RETURN
BAGGAGAE   ROUTE
CHECK-IN   SET OFF
DESTINATION   STATION
EXCURSION   TAKE-OFF
FERRY   TOURISM

TIME

```
A H A L L O W E E N R T M
T S W S N R O C A R F S N
O S E O S V A R S D R M S
O E E Q T E H S E H O H R
D V A V U A A T V E S O O
R E Q W R I I U A S T S V
E V C V E A N N E N V W A
S E E U D R C O L S S A A
N S O S A N O S X S C A S
T E E I L C I E O T H L A
C E N E O S R W S E O I R
T O D L D A L I W L O O V
V R D U I S M X S E L T H
```

ACORNS   HARVEST   SCARVES
COLD   LEAVES   SCHOOL
EQUINOX   MIST   SEEDS
FROST   NUTS   WIND
HALLOWEEN   RAIN

TIME

```
L T T A D P O L E S A E D
N E W S H O O T S R M S I
S D U B R G R S B E O O O
D C S E C E O W O T S D S
C R L P Y A W E E S S E L
H O K P O R L O O A O S I
I C S S R E V L E L T D
C U R H B B D N E F B H O
K S E W S T M W E S L G F
S E W O R V L A O E S N F
S S O B L E C E L N R L A
T O H T W O R G L G S G D
H H S R A I N B O W S W O
```

BLOSSOM   GREENERY
BUDS   GROWTH
CALVES   LAMBS
CHICKS   NEW SHOOTS
CROCUSES   RAINBOWS
DAFFODILS   SHOWERS
EASTER   SNOWDROPS
FLOWERS   TADPOLES

TIME

....

```
W H L R A R T R O V C R H
R C A A I A N W A H O M R
I T T L M U A H R T R U E
S A S A R N T O A L E L M
T W Y R I U N T A I V U I
W P R M M O I I G M O D T
A O C W M O D I Y E L N D
T T Z E N N O R I O U E N
C S T S U O U N G A T P A
H E R S N A W U T D I N S
R A A T O M I C C L O C K
H O U R G L A S S A N O S
E S Q I S E M I H C S T N
```

ALARM
ATOMIC CLOCK
CHIMES
CHRONOMETER
HOURGLASS
MOON
PENDULUM
QUARTZ CRYSTAL

REVOLUTIONS
ROTATIONS
SAND TIMER

STOPWATCH
SUNDIAL
WRISTWATCH

TIME

```
N O O N R E T F A D I H H
E M I T T S A F K A E R B
M O T U M I D N I G H T S
I F N D E N M A B E Y B U
T M O R N I N G M A E M N
Y I O L T T E I E D I W D
A S N T E V T K T D A E O
D F R S E R S I D D T N W
G D N N E U M A N R F F N
D U I N D E Y E M E U A U
S N N L L A F T H G I N R
G I T H G I N F O D A E D
D E T E S I R N U S I S E
```

AFTERNOON
BEDTIME
BREAKFAST TIME
DAWN
DAYTIME
DEAD OF NIGHT
DINNERTIME
DUSK

EVENING
MIDDAY
MIDNIGHT
MORNING
NIGHTFALL
SUNDOWN
SUNRISE
SUNSET

ZZZZZ

TIME

```
N I L R A M K C A L B R S
K E L G A E N E D L O G F
C F H S I F L I A S S E R
U N R O N O C L A F R Y G
B H R I S E E C G K S Y B
C C A I H A R E R R L F O
A H O B F G T I O P I E W
L E P N L D N E C L O S N
B E H O E G R O B H N R H
D T E N B D G O R I F O A
G A Y O R B A G W P R H R
F H K N O E G I P S N D E
```

BLACKBUCK   GOLDEN EAGLE   PRONGHORN

BLACK MARLIN   GYRFALCON   SAILFISH

BROWN HARE   HORSEFLY   SPRINGBOK

CHEETAH   LION   SWORDFISH

ELK   OSTRICH

FRIGATE BIRD   PIGEON

TIME

....

```
Y P O O L N O O D L E E E
B A T H I N G S U I T K D
T R E B W A V E S G O O I
L E A K N A F D N R D R V
W T O S O O H I T E T T I
A A A T D R H S E S L S N
R W F I F S T P F A I K G
C E V R A S E S N Y L C B
T E O L A N D E E D I A O
N P P E D E T E E D T B A
O S R D R A U G E F I L R
R B B U T T E R F L Y S D
F T S D N E W O L L A H S
```

BACKSTROKE   LANE
BATHING SUIT   LIFEGUARD
BREASTSTROKE   POOL NOODLE
BUTTERFLY   SHALLOW END
DEEP END   SIDESTROKE
DIVE   SPLASHING
DIVING BOARD   WATER
FRONT CRAWL   WAVES

TIME

```
        T W I G S
      S D N E I R F
      K N ● G ● I L
      C O ● N C
          I T T
    N R S T T O P
    F R A C S S U R I
    E D A P S ● P M B R P
  R O L L I N G S N O W A E
  L E V A R G ● V L A O C C
  S E H T O L C M R A W R O
  G L O V E S ● B O O T S B
  S N O W S C U L P T I N G
```

BOOTS

BROOMSTICK

BUTTONS

CARROT

COAL

FRIENDS

GLOVES

GRAVEL

PIPE

ROLLING SNOW

SCARF

SNOW SCULPTING

SPADE

TWIGS

WARM CLOTHES

TIME

```
R B S S T A L P S W S S M
H S I W S S K P S C C A H
K P H B P C P I P S U S P
E S N S A M E L R C I H S
L K R U O E U S A U P R P
G O Q H O L C H Q S O S I
R O O L R L S S T A H I N
A E B M I A C C R E P R S
G O E H T H K G H P N I U
T R E P P N S H L T W B K
N H P T O S B S P A H B U
O S S C H I R P B O O I A
A G K O K M P S T S G T K
```

*words that sound like their meaning

BEEP	SLOSH
CHIRP	SNIP
GARGLE	SPLASH
KNOCK	SPLAT
MOO	SQUISH
QUACK	SWISH
RIBBIT	THUMP
ROAR	

BEEP!

TIME

```
R Y I L O R E G A N O L E
B S S A F F R O N V L R V
H A T H Y M E U N A A E R
N O S N D E E S I N A W P
N L R I E C N A N A M O A
O R V S L N U S Y I L L R
G L E C E H E M N N E F S
A A P E E R S T I N N R L
R R O S E M A R Y N N E E
R S E V I H C D N H E D Y
A A K I R P A P I Y F L W
T E R E P I N U J S A E N
A F P P R E N N K M H F F
```

ANISEED
BASIL
CHIVES
CUMIN
ELDERFLOWER
FENNEL
HORSERADISH
JUNIPER

MINT
OREGANO
PAPRIKA
PARSLEY
ROSEMARY
SAFFRON
TARRAGON
THYME

TIME

```
M T A B O R C A R A U R K
M P O T G I B W R R I N S
E T R A P E Z E E N I T T
N H L N G L C T G F L N L
I T N E T L A M E U T A T
L P O E O E A T A O L I J
O T O W E S H S P A C C U
P R N R T R R H A O E I G
M T I E O E A P O O H G G
A F R W M T M N T E C A L
R M E O R P R I I T T M E
T R S P E C N E I D U A R
R E P O R T H G I T H H G
```

ACROBAT

AUDIENCE

BIG TOP

CLOWN

FIRE-EATER

HOOP

JUGGLER

KNIFE-THROWER

MAGICIAN

RINGMASTER

SOMERSAULTS

TENT

TIGHTROPE

TOP HAT

TRAMPOLINE

TRAPEZE

TIME

YOUR BEDROOM

```
T R D N S G N I T N I A P
E R E T N E T O N O D H L
N B R S K O O B D O T E E
P P O O C L O T H E S C D
S M H R O B R N K R O U A
W A A N D D G N M K I P H
E S O L D R N T E R N B S
D E S K D P A O O R O O T
D E B N M N M W E Y N A H
O H O M E W O R K M S R G
S K N A B Y G G I P A D I
N T S N I A T R U C I N L
E O M S R E T S O P N N O
```

BED   DO NOT ENTER   PIGGY BANK

BOOKS   HOMEWORK   POSTERS

CLOTHES   LAMP   TOYS

CUPBOARD   LIGHT SHADE   WARDROBE

CURTAINS   NAME ON DOOR

DESK   PAINTINGS

TIME

....

```
T E D U O L C T R O O K T
L E E T C E T M S I U D T
L T N L N E A Y D I T N E
C I I A I A R R P E H I N
L L T M L E T E T E E W A
L L E I R P R I S H S R L
O E M W B B F M T S U A P
E T O K E R N R R N N L R
A A C L U A O L A I E O O
T S T K L L S L N W F S N
Y A W Y K L I M T R D L I
K R W D I O R E T S A I M
L T O M A K E M A K E T A
```

ASTEROID
CERES
COMET
DWARF PLANET
EARTH
ERIS
KUIPER BELT
MAKEMAKE

MILKY WAY
MINOR PLANET
OORT CLOUD
ORBIT
SATELLITE
SOLAR WIND
THE SUN
TITAN

TIME

DANCE STYLES

```
C A T T O R T X O F B O N
B M E R E N G U E A A O N
T A R A N T E L L A L M A
S M P A E A B M U R L N B
G D A E T L M R H S E B M
T O I V T A B A S B T A A
V G M S O S A O M B G A S
S N U O C N K A D B N O R
T A P N A O A C H O O L O
H T L C A G C S I S S R O
M G N S K S G O S U I A O
M A C A R E N A N O Q R P
C B F B H A N G R A B A I
```

BALLET   MAMBO
BHANGRA   MERENGUE
BOSSA NOVA   PASO DOBLE
CANCAN   QUICKSTEP
DISCO   RUMBA
FOXTROT   SAMBA
IRISH   TANGO
MACARENA   TARANTELLA

TIME

SMALL DOGS

```
M S D C E H K A L I I C B
B I P A H S A E E I M O O
T I N E C I E V O L C C R
P O C I K H H T A I D K D
A C Y H S I S U L N C E E
P O E P O C N H A A E R R
I R L P O N H G U H M S T
L G G E C O F N E N U P E
L I A I P L D R A S D A R
O E E C R U E L I U E N R
N O B E Z O G M E S Z I I
N A I N A R E M O P E E E
L L E S S U R K C A J L R
```

BEAGLE
BICHON FRISE
BORDER TERRIER
CHIHUAHUA
COCKER SPANIEL

CORGI
DACHSHUND
HAVANESE
JACK RUSSELL
MALTESE

MINI SCHNAUZER
PAPILLON
PEKINGESE
POMERANIAN
PUG
TOY POODLE

BIG DOGS

```
R V F C T N D R T R O L D
E I H O P R A P O N G A A
Z O R C X T E T N R R M O
U P L I U H T X C C E R B
A O R D S W O N O S Y O L
N I L E E H A U H B H D O
H N W I T M S E N E O A O
C T L D R R E E I D U R D
S E O E X P I O T O N B H
R R B P D N R E U T D A O
D O C O L L I E V T E L U
D W G I K U L A S E E R N
N A I T A M L A D O R G D
```

BLOODHOUND
BOXER
COLLIE
DALMATIAN
DOBERMAN
FOXHOUND
GREYHOUND
IRISH SETTER
LABRADOR

POINTER
RETRIEVER
ROTTWEILER
SALUKI
SCHNAUZER
SHEEPDOG

TIME

```
Q C Z N Y Z Z I F N Z Z O
U N E Z I R P N U O A A M
I E L Z Z U P I R R Y A C
Z F Y J P O G E B Z Z R G
        N Z E Z E A C
        I E Z I C Z Y
      Z A Z D N Y A
      A Z Z O Z Z E
    M Z Z Z D Z P
A B U Z Z I N G I L A Z Y
B B E Z Z A E D G Z Z P M
I J I Z E B Z U Y U Z R F
Z Z A J Z I O O Z A A Z
```

AMAZING   MAZE

BUZZING   PIZZA

CRAZY   PRIZE

DIZZY   PUZZLE

DOZEN   QUIZ

FIZZY   ZEBRA

JAZZ   ZERO

LAZY   ZOO

TIME

```
R E A D I N G S I I P B V
S E N A L P R E P A P I R
G N I D L I U B L E D O M
N S P B A K I N G E N V G
E E L U I G I G O A T I N
I M G N G M N G A G P G I
A A E S A N A I N G S I T
G G P G W M I I T E G C N
N D I D E A H S L I A A I
E R B S N C S Z S R R U A
O A S U T O Z G D E R W P
L O T A J U N S I G R B O
I B W N P A I E B J S D O
```

BAKING   MODEL BUILDING   READING
BOARD GAMES   ORIGAMI   WATCHING TV
CARDS   PAINTING   VIDEO GAMES
DRESSING UP   PAPER PLANES   WRITING
JIGSAWS   PUZZLES

TIME

```
L T S I T N A L T A O H R
N A E R M E D U S A S A O
A F D V U T I D D E O G B
M V S Y L H E T M D R B I
N A N D O R T A T E G T N
E M O S A F G R S R D O H
E P W I U L T O A I C O O
R I M N I R R H A M A F O
G R A G A C A M E S Y G D
G E I T E A R C G L R I U
K I D R S E N A I I A B E
S F E S M E R L I N R K R
I R N R P D E H A U H H E
```

ARTHUR

ASGARD

ATLANTIS

BIGFOOT

GILGAMESH

GREEN MAN

ICARUS

LADY OF THE
LAKE

MEDUSA

MERLIN

MERMAID

OGRE

ROBIN HOOD

SNOW MAIDEN

SORCERER

VAMPIRE

TIME

....

7-LETTER ADVERBS*

```
R Y L K C I U Q Y Y L I L
I R K Y B O S S I L Y R E
L U C K I L Y R Y I L F R
L Y V R I V Y L L S T Y L
L O L R L A L Y R S I L G
S K V D L M Q I A E R E L
C U Y A U Y N M E M E V Y
A Y K L B O L P L O D A L
R L S U I L R I C E L R T
I R D S I F Y P D Y Y B H
L D I L L A O Y V D O Q G
Y L I R G N A O S K I L I
Y W E I R D L Y G R R G L
```

*words that describe actions

ANGRILY   LUCKILY

BOSSILY   MESSILY

BRAVELY   NOISILY

CLEARLY   PROUDLY

GIDDILY   QUICKLY

GOOFILY   SCARILY

LIGHTLY   TIREDLY

LOVABLY   WEIRDLY

TIME

```
C F G T N A G E L E H U W
N A F D M L X N U A U I O
C L R N I N A E T I L S L
U M N E I G C C L L A F L
R U E L F I I I I P S S A
I S R B A U N T W P M I H
O I V I B A L A A B Y O S
U C O S Y Q E U N L X T C
S A U I H U L Q U R A P R
A L S V E G N A R T S W U
L G E N U I N E T T I R W
U N U P L A R U T A N R E
E L L I I N S E L F I S H
```

*words that describe people, places and things

AQUATIC	NATURAL
CAREFUL	NERVOUS
COMPLEX	SELFISH
CURIOUS	SHALLOW
DIGITAL	STRANGE
ELEGANT	TYPICAL
GENUINE	VISIBLE
MUSICAL	WRITTEN

TIME

CAKES

```
C N K B U N D T C E D F C
H H E E E F F O C A E H E
O H D G N I D D E W R K E
C T D F I N E R C I A N G
O B A A R E B F S C O C N
L I L A K R A T E M E G O
A A M O E I M S E C C G P
T F O G R A E L C B A S S
E T N Y S E C U P C A K E
R I T T H L E G N A N T I
G M E C E L P P A G I E E
T S E R O F K C A L B E K
N P P A N E T T O N E I F
```

ANGEL
APPLE
BLACK FOREST
BUNDT
CHEESECAKE
CHOCOLATE
CHRISTMAS
COFFEE

CUPCAKE
FAIRY
GINGERBREAD
LEMON
PANETTONE
SPONGE
WEDDING

TIME

```
O S N O H G P H P O O Z A K N
M T A F E O O D I R E G D I D
U E E X L N B F O T E T C R T
I N L O O U R O U A T C E E R
N I T T A P T O E A H E L D O
O R S E B R H E H P O C G R M
H A I P U B U O I L O B U O B
P L H M T H A C N R E N B C O
U C W U F C C G A E O G C E N
E D E R R O D N P O G O U R E
U P E T L I G L S I R S I L E
B E N O X L E S L N P G L E F
O R A E A E A S E R L E P E U
I O W I N B M T T E R E S R C
E E S A T F R E N C H H O R N
```

BAGPIPES
BASSOON
BUGLE
CLARINET
COR ANGLAIS
CORNET
DIDGERIDOO
EUPHONIUM
FLUGELHORN
FLUTE

FRENCH HORN
KAZOO
OBOE
PICCOLO
RECORDER
SAXOPHONE
SWANEE WHISTLE
TROMBONE
TRUMPET
TUBA

TIME

BERRIES

```
R R B E S T R A W B E R R Y Y
W R B L A C K B E R R Y R I E
Y E A E C R A N B E R R Y Y T
R A R R Y Y Y B L R E E R R Y
R B Y B E A B D S R B R E R R
E Y R R E B E S O O G L R E M
B R N R R R G R N Y Y E R B A
E E R Y B E Y B R Y B U L N Y
U L R E R M B R R E E Y G O N
L Y R R R R E N L O A K E G R
B R E L H B R K A L O R A N U
Y U O A P I C B R G E B K I E
E L L S U U O R B Y O E U L A
R G A L H E Y R R E B L U M Y
E R R Y Y R R E B L I B A B L
```

BILBERRY

BLACKBERRY

BLUEBERRY

CRANBERRY

ELDERBERRY

GOOSEBERRY

HUCKLEBERRY

LINGONBERRY

LOGANBERRY

MULBERRY

RASPBERRY

STRAWBERRY

TIME

REPTILES

```
H A W K S B I L L T U R T L E
R G E S D R O T A G I L L A S
L E L I I N A M I A C Z R N R
I L I C N U U W E N S N A K E
V T D U O E T R I L O P E T O
E R O A S A U P S G P G L O C
D U C R A S A E A I E I O R H
Y T O E U R A R N C Z O K T A
N D R T R T D G K A C T N O M
R N C E U O T O R A T W I I E
O O T R D U T D R O K R K S L
H P T O R M R O W W O L S E E
T L M T T I P A N A U G I O O
E O L E L T R U T X O B E P N
K E E L T R U T N E E R G A E
```

ALLIGATOR

BOX TURTLE

CAIMAN

CHAMELEON

CROCODILE

DINOSAUR

GECKO

GREEN TURTLE

HAWKSBILL TURTLE

IGUANA

KOMODO DRAGON

LIZARD

POND TURTLE

SEA TURTLE

SKINK

SLOWWORM

SNAKE

SNAPPING TURTLE

TERRAPIN

THORNY DEVIL

TORTOISE

TIME

```
E G                         C Y
K N R                     L S R
O C C A                   A A E R
O H E Y P               S T F O D
B I S D C H           S N E M I E
E L I R T L I C I   A R A C R L
D D L N E D O C F E N T S O Z
I R L O X L L P N C I L C R Z
U E D I T D L C E O E A I R U
G N E T B R E I N D V S F O P
  S R C O O E A R N I E I H
    B I O G R A P H Y A L
      F K Y L B U I T R
        H I S T O R Y
          I C A
```

ATLAS   GRAPHIC NOVEL   ROMANCE
BIOGRAPHY   GUIDEBOOK   SCI-FI
CHILDREN'S   HISTORY   TEXTBOOK
CLASSIC   HORROR   THRILLER
DICTIONARY   PUZZLE
ENCYCLOPEDIA   REFERENCE
FANTASY
FICTION

TIME

NURSERY RHYMES

```
E L K N I W T E L K N I W T Y
E L S N U B S S O R C T O H A
R D D O C T O R F O S T E R W
N J G D Y R O N A K B A J E A
D N L L I J D N A K C A J E O
D D I N G D O N G B E L L B G
E I G R O P E I G R O E G L N
N N O M I S E L P M I S B I I
E L O C G N I K D L O Y P N A
J A C K S P R A T D Y E O D R
R E P I P R E T E P I I E M N
M O N D A Y S C H I L D M I I
P E E P O B E L T T I L Y C A
I T S Y B I T S Y S P I D E R
C O C K A D O O D L E D O O H
```

COCK-A-DOODLE-DOO

DING DONG BELL

DOCTOR FOSTER

GEORGIE PORGIE

HEY DIDDLE DIDDLE

HOT CROSS BUNS

ITSY BITSY SPIDER

JACK AND JILL

JACK SPRAT

LITTLE BO PEEP

MONDAY'S CHILD

OLD KING COLE

PETER PIPER

RAIN, RAIN, GO AWAY

SIMPLE SIMON

THREE BLIND MICE

TWINKLE, TWINKLE

TIME

```
G I R O I U E H L U L F O E B
H N R P F H R O T E N E L W T
O I E A P I A R Y L O O A E E
L W W D E U Y O E N H R R G H
T T O W H E V I H R M D G R
N T L O O D E O H E I O I T Y
N E L A O S S B N T L T T R R
O S A N E P U A A E A R T H N
E A H W L R T R N T H R T T I
O R A M R S I A R T L S T Y L
R I E O E U R E D A H O E I F
Y A W N M D L P D I O I R D O
R L N R O O K E R Y L Y L I P
D M E R O E L O E H L O H L E
U A L L W N T S O O R U R A E
```

ANTHILL   LODGE
APIARY   NEST
BURROW   ROOKERY
DEN   ROOST
EARTH   SETT
HIVE   STY
HOLE   TERMITARIUM
HOLT   WARREN
LAIR

TIME

DRINKS

```
P E R C A E E      S D D O R M R
C T E E O R C      A E E M R C E
C A T C P E I      E C I O E O E
R L F I O E U      M B R G E K B
H O F U E B J      E I L A W N R
T C S J O T E      B T L A J I E
I O M E E O G      M I T K H R G
S H O L A O N      E E C L E D N
A C O P L R A      R E D E E Y I
N T T P O G R      H O R M F G G
E O H A C O O      U A C O F R T
  H I E T E          G O N O E
  E E C E E          H C A C N
  D J E I E          E O D R E
  L I E D C          E A E C T
```

APPLE JUICE   MILK

COCOA   ORANGE JUICE

COFFEE   ROOT BEER

DIET COLA   SMOOTHIE

ENERGY DRINK   TEA

GINGER BEER   TISANE

HOT CHOCOLATE   WATER

LEMONADE

TIME

```
N A S K R O W E R I F E T F E
S T T E U Y P E T S H O W S O
N Y N C W O H S N O I H S A F
E O K U G A R D E N P A R T Y
S C I A H A Y A D N U F E U L
S C A T W R B E K O A R A K E
E C A R C O E A O W E F A E E
R S C K N E H G R I A L O S L
D S O D E O L S N B W L Y C A
Y R N C S B O L T E E A K A S
C P C C S I A L O N V C Y S T
N A E Y R G T K L C E A U S N
A S R A F F L E E A L L C E A
F F T H C U R C K T B W A S L
N K T R E A S U R E H U N T P
```

BALLOON RACE
BARBECUE
CAKE BAKE
COLLECTION
CONCERT
FANCY DRESS
FASHION SHOW
FIREWORKS
FUN DAY

GARDEN PARTY
KARAOKE
PET SHOW
PLANT SALE
RAFFLE
SCAVENGER HUNT
TALENT SHOW
TREASURE HUNT
WALKS

TIME

```
T A B E E B E L B M U B T H M
E M O U S E L E M U R E E U S
I M W E R H S N A C S U R T E
E N A I N A R E M O P U Y W L
D W A R F C H A M E L E O N W
L D C S D W A R F S L O T H I
W R O Y A L A N T E L O P E O
O U D U P M A U H A U H I H C
Y D M I Y O P P I H Y M G Y P
M E K M D W A R F G E C K O A
G N G O C T O P U S W O L F I
Y Y R E T S M A H F R A W D T
P S I R O L W O L S Y M G Y P
E S R O H A E S Y M G Y P F Y
P B E E H U M M I N G B I R D
```

BEE HUMMINGBIRD
BUMBLEBEE BAT
CHIHUAHUA
DWARF CHAMELEON
DWARF GECKO
DWARF HAMSTER
DWARF SLOTH
ETRUSCAN SHREW
MOUSE LEMUR

OCTOPUS WOLFI
POMERANIAN
PUDU
PYGMY HIPPO
PYGMY MARMOSET
PYGMY OWL
PYGMY SEAHORSE
PYGMY SLOW LORIS
ROYAL ANTELOPE

TIME

....

```
T L C O L O S S A L S Q U I D
K N I U G N E P R O R E P M E
D O A K M O E L A H W E U L B
I C R H O E L C A P A B A G U
U A E I P M L D O H O T B I E
Q S L O B E O A E W W A Y R L
S S A S O U L D H N L N H A T
T O H T E R S E O W E L I F R
N W W R E L A T N D M A R F U
A A I I F D R R A A R R G E T
I R E C W E E N F R C A E L A
G Y S H G S R U A G D I G P E
B L A C K R H I N O C E R O S
E L A H W K C A B P M U H F N
E N T N A H P E L E N A I S A
```

AFRICAN ELEPHANT   EMPEROR PENGUIN   GOLDEN EAGLE

ASIAN ELEPHANT   EMU   HUMPBACK WHALE

BLACK RHINOCEROS   FIN WHALE   KOMODO DRAGON

BLUE WHALE   GAUR   KORI BUSTARD

BOWHEAD WHALE   GIANT SQUID   OSTRICH

CASSOWARY   GIRAFFE   SEA TURTLE

COLOSSAL SQUID   SEI WHALE

   SPERM WHALE

TIME

```
      Z S N
      W I I U N
    C R O I S S A N T
    Z A L U N G E E U A N
  A R L E I E Y B P I U T A
  L I N F M R I B E B K K L
D R R F A T S N N P T G O K P
I S U C S C P H S W N A W O E
I M A A U A C O A I O L R A C
W K P I S I P N D E D R E T A
E Z T T W B I D I U A R B C S
S E O D R S U P K R U C O P W
I D N E G P R B A G E L P A N
R A A E R E K C A R C K N R Y
S D E C L A I R P I Z Z A W D
```

BAGEL	MUFFIN
BISCUIT	PASTRY
BREAD	PIE
BROWNIE	PIZZA
BUN	PUDDING
CAKE	SANDWICH
COOKIE	TART
CRACKER	WRAP
CROISSANT	
ECLAIR	

TIME

SAFARI ANIMALS

```
J A C K A L I P A K O K A A A
P T K O G E P P F N M R L L U
E G C C L P L A G A E A T H E
F R A O S A O E E I P Y C I H
U A R H O H F G P M R H H I A
N E A C R A E F I H E A P P Y
G O C I E A A K U E A P F G I
I D A R C U P A T B O N A F O
G R L T O L C A R P O Z T U E
O A Y S N I H O O B E O K H O
D P P O I O P T Z L E A A B M
D O P S H N A E L L A Z A S O
L E A A R M E E P O L E T N A
I L P L U R G G O H T R A W E
W N I S C E N A E P X X Y R O
```

ANTELOPE

BUFFALO

CARACAL

CHEETAH

ELEPHANT

GAZELLE

GIRAFFE

GNU

HIPPOPOTAMUS

HYENA

IMPALA

JACKAL

LEOPARD

LION

OKAPI

ORYX

OSTRICH

RHINOCEROS

WARTHOG

WILD DOG

ZEBRA

TIME

```
H O I U R I T I S A D D E R L
G G N T G E M I B N P I T U E
O E B T O U S U Y R A O C L R
H O E I R T T I N A A I O O R
E L K R D T P O O D U B L D I
G L O K E N L O F T U S B E U
D S O R N U K R L M R H K L Q
E Q F I U U O N B A I O N T S
H L R L B G N L U N R E T R D
Y B B U N R E E R M N B D U N
E A S C K B R T W C P R E T U
R T K C E D P N P T D I E A O
O E U E R O A U L L I D H T R
A E N R D O R M O U S E A C G
U B K A B R O W N B E A R U W
```

ADDER

BAT

BROWN BEAR

BUMBLEBEE

BUTTERFLY

CHIPMUNK

DORMOUSE

FROG

GROUND SQUIRREL

HEDGEHOG

NEWT

POLAR BEAR

SKUNK

SNAIL

TOAD

TORTOISE

TURTLE

ZZZZZ

TIME

....

```
S E I P R E S R S M A O R N I
M A N S I D W T E S C O N R S
O N R O O N O B N T E N E O T
O O R Y P R E W A C L I K C U
R O S S R G A A B O E O C Y O
H D O A I R O T P P R N I B R
S L C U P F A K S P Y N H A P
U E P C E B S R H E L O C B S
M S O E O O E O S O R E T E N
P T B W U C A P R O A A I H A
G C O O H N I L O C C O R B E
C O S I S U G A R A P S A O B
R W A T E R C H E S T N U T E
R E G N I G R N K L L I N A A
S W E E T A N D S O U R P Y S
```

ASPARAGUS   MUSHROOMS

BABY CORN   NOODLES

BEAN SPROUTS   ONION

BEEF   PINEAPPLE

BROCCOLI   PORK

CARROTS   PRAWNS

CELERY   SOY SAUCE

CHICKEN   SWEET-AND-SOUR

GINGER   WATER CHESTNUT

TIME

ROALD DAHL BOOKS

```
C T H D D N N A T F G R T E R
F M H C I G R W D T G T N E C
I A D E X R T T H L H S V R M
R E N C M E T E T E I O I C I
I O Y T S A W Y G N L T O G R
S E T E A I G R B T T A H T
V N I A T S E I I E I L Y M H
M F I C T M T N C S A M R S E
A G H P L E G I S F E S N T T
H E F I N R G T C S I S T T W
S H N B H I T A T M I N T S I
I S S Y E G M E M T R E G I T
I R M M F H W E E E A F T E S
H E L I R E T T H E T S O M R
S H L E S E S I O T R O T X I
```

DIRTY BEASTS

ESIO TROT

FANTASTIC MR FOX

MATILDA

REVOLTING RHYMES

RHYME STEW

THE BFG

THE GREMLINS

THE MAGIC FINGER

THE MINPINS

THE TWITS

THE WITCHES

TIME

```
E H M U L E B L E H C A P B R
Y D E N D Y A H B C U Y E E E
S U S I G U H D A A K N L E N
S T S A T I Z B V S C L G T K
U W I E I T Y A G O E H A H C
B S A P B R A R P C R E R O U
E U E G D L O L R U T A G V R
D I N S N S I U R A C M K E B
S L E N S E P T L A A C G N S
S E I U N L R L B R C D I R Z
G B M L K E I N U E E S I N R
R I P C V S L G L L I H G E I
I S U B T R E B U H C S R S G
E L A L L E G R I A T Z S I L
G U A C T R A Z O M N U R M C
```

ALLEGRI	GLUCK	PACHELBEL
BACH	GRIEG	PUCCINI
BEETHOVEN	HAYDN	PURCELL
BRUCKNER	LISZT	SCARLATTI
BYRD	MAHLER	SCHUBERT
DEBUSSY	MESSIAEN	SIBELIUS
DVORAK	MOZART	TALLIS
ELGAR	MUSSORGSKY	WAGNER

TIME

```
K C O T N I L C C M E G C C L
M F G T I P Y T H A G O R A S
L R N U R R I A F I I E C G P
L A I R T S N S A N N S N A U
E N L I K U R E R O A I R L S
B K U N T C E D A P K A N I A
N L A G R I N I D W L E H L E
K I P R R N T A W R O K E L
C N A U U R I H Y H D E E O N
N G C E N E E O O G P A V E N
A U I T T P M B K L B E W E I
L P R S A O I I E L L T A N W
P O N A U C N R T A O A F L R
I I I P N E U S C N L M A N A
E N O S I D E E D I L C U E D
```

BELL	FARADAY	MEITNER
BOHR	FRANKLIN	NEWTON
COPERNICUS	GALILEO	PASCAL
CURIE	HAWKING	PASTEUR
DARWIN	HODGKIN	PAULING
EDISON	KEPLER	PLANCK
EINSTEIN	LOVELACE	PYTHAGORAS
EUCLID	MCCLINTOCK	TURING

$E=mc^2$

TIME

```
E  F  R  E  F  E  R  A  D  O  E  B  P  E  I
N  N  R  D  E  R  R  I  O  Y  O  L  E  A  V
C  E  O  D  E  A  D  R  E  B  N  I  E  C  N
O  E  R  D  D  E  Y  L  A  L  D  O  P  E  E
B  O  D  A  D  Y  E  E  S  M  R  Y  E  B  D
E  E  R  M  I  N  I  M  K  O  P  E  W  E  P
R  P  C  I  V  I  C  S  A  R  O  T  O  R  D
E  U  L  E  T  D  I  E  Y  G  S  E  E  S  G
O  P  R  E  W  S  N  E  A  I  O  W  Y  E  E
P  K  N  D  V  A  V  A  K  G  L  D  M  N  T
D  E  O  E  R  E  T  D  P  D  O  M  A  I  E
T  P  O  E  M  S  L  R  R  T  S  D  D  P  S
P  N  N  D  L  E  S  A  G  A  S  E  A  N  M
D  E  I  F  I  E  D  B  R  E  A  O  M  S  S
E  A  P  E  G  E  I  W  D  E  R  A  O  A  S
```

*words that read the same backwards

BOB	MADAM	PUP
CIVIC	MINIM	RADAR
DEED	NOON	REDDER
DEIFIED	PEEP	REFER
DID	PEP	ROTOR
EWE		SAGAS
EYE		SEES
GIG		SOLOS
KAYAK		TENET
LEVEL		

TIME

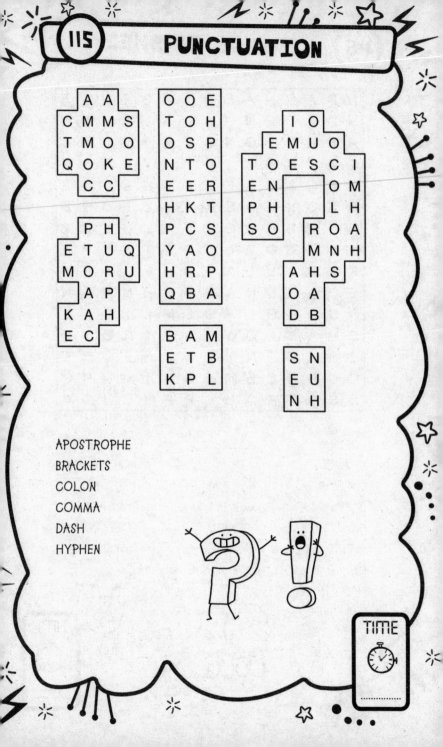

APOSTROPHE
BRACKETS
COLON
COMMA
DASH
HYPHEN

TIME

```
N D A R N A E D I R B E H E E
H D I O E N U A C A L L E Y N
A E R N Y O N S U F F O L K C
M R R D E X L L I H Y R R E K
P B O A N F L E F S R L U S R
S S O R K O S K I Y L E O B E
H E M L R R O A E A R U L O L
I L T L O D L L D I T E L R A
R A R I L L A N H H I O I E D
E D A H O N A S D C R N N R N
O D D R D L P O E M L I C A E
D M A K T O W S H I I R O Y R
E H N E R N T X L I R E L O E
C O H H C E M A S H A M N R P
L S S E R O L L E F H G U O R
```

BORERAY
CHAROLLAIS
DALESBRED
DARTMOOR
HAMPSHIRE
HEBRIDEAN
HILL RADNOR
KERRY HILL
LACAUNE
LEICESTER
LINCOLN

LLEYN
LONK
MASHAM
MERINO
ORKNEY
OXFORD
PERENDALE

ROUGH FELL
RYELAND
SHETLAND
SHROPSHIRE
SOUTHDOWN
SUFFOLK

TIME

BREEDS OF CATTLE

```
R E B I I N S U S S E X W E N
E E R R O L L O P D E R E L R
R M T V I K J H D E O I L I O
I E E S R T I E S S S R S N H
H D S G E G I E R I S G H C G
S N E U H C G S T S E H B O N
R H N L G S U A H R E G L L O
Y Y A D I N H O L W I Y A N L
A N R S R O A O L L H U C R H
D R H R E O M D R G O I K E S
K E R R Y E F H E T N W T D I
G N I U L I E E S R H I A E L
D R D E X T E R R I N O S Y G
K R A P E T I H W E R G R L N
R Y E S N R E U G E H I I N E
```

AYRSHIRE

BRITISH WHITE

DEVON

DEXTER

ENGLISH
LONGHORN

GALLOWAY

GLOUCESTER

GUERNSEY

HEREFORD

HIGHLAND

IRISH MOILED

JERSEY

KERRY

LINCOLN RED

LUING

RED ANGUS

RED POLL

SHORTHORN

SUSSEX

WELSH BLACK

WHITE PARK

TIME

BELIEFS

```
B C S T E N R I K Y O M E M M
P O A B A P T I S T I S P S Z
R N N T M S I H K I S I I I O
O F G C H A H M N N A N S L R
T U L T M O A I B A A I C A O
E C I A A L L U N I H V O C A
S I C M S O D I R T M L P I S
T A A I E D I E C S O A A L T
A N N D H T T S I I H C L E R
N I I I N Y H R M R S A I G I
T S S I B A E O I H S M A N A
I M M S C K C I D C L O N A N
S M E C A J A I N I S M I V I
M R I U H I N D U I S M S E S
P W Q M S I N O M R O M M M M
```

ANGLICANISM

BAPTIST

BUDDHISM

CALVINISM

CATHOLICISM

CHRISTIANITY

CONFUCIANISM

EPISCOPALIANISM

EVANGELICALISM

HINDUISM

ISLAM

JAINISM

METHODISM

MORMONISM

PRESBYTERIANISM

PROTESTANTISM

QUAKERISM

SHINTO

SIKHISM

TAOISM

TENRIKYO

WICCA

ZOROASTRIANISM

TIME

```
C E R R A A R R T A O Y T O U
H N L T E M H T W I T E A R L
T A E H W A E I N E R L T O F
K C O A G R N N L S E R Z R E
T E A F R A S C I T M A M Q Z
R T I N K N H P E E N B L R W
I T E E T T W Z E L A A A S A
T W E T A H T T I L W C L I S
I E T I H Q S I E I T O M O S
C F A O N I U Q N M I S R H T
A F R H S R A Z R N R G R L A
L E O U C S T R O Y H I R I O
E T M A I Z E F E U C O T S A
R R Y S N R O C M E T R N A I
M E F F H A K S F Z H A A Y N
```

AMARANTH   QUINOA

BARLEY   RICE

CORN   RYE

FONIO   SORGHUM

KANIWA   SPELT

MAIZE   TEFF

MILLET   TRITICALE

OATS   WHEAT

TIME

```
I W O C S O M A S A N N E I V
G N I J I E B A I K A T E N A
U A R R E B N A C K O S W I U
T N T I A T K N I U L E W N R
G I N O I L M E A A L P A I A
R S K A K I O W Y L I A S A T
U M G N N Y A A I A B D H N H
O O T S I T O N A L O U I O E
B A K O T S G B M U R B N D N
M G A O L T L I I M I U G N S
E N Y N O S C E L P A R T O A
X B A N G K O K H U N E O L S
U S D D I R D A M R L M N L A
L R O W A R S A W S E O D T E
N S L E S S U R B I O R C O X
```

ATHENS	LUXEMBOURG	OTTAWA
BANGKOK	MADRID	ROME
BEIJING	MINSK	SANTIAGO
BRUSSELS	MOSCOW	TOKYO
BUDAPEST	NAIROBI	VIENNA
CANBERRA	OSLO	WARSAW
HELSINKI		WASHINGTON DC
KUALA LUMPUR		WELLINGTON
LIMA		
LONDON		

TIME

CLOUDS

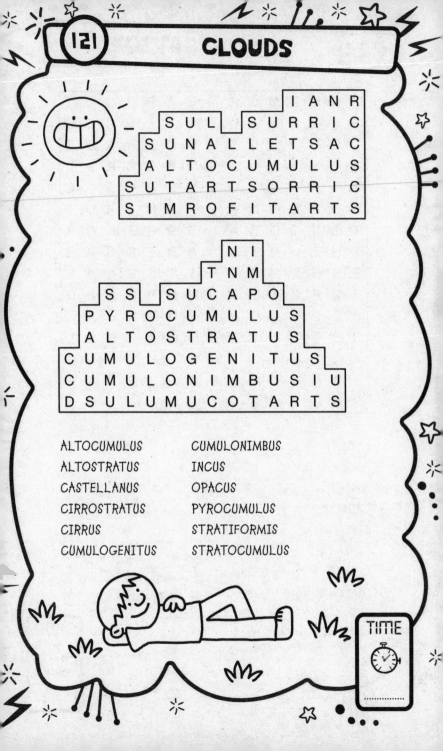

```
              I A N R
    S U L   S U R R I C
    S U N A L L E T S A C
    A L T O C U M U L U S
    S U T A R T S O R R I C
    S I M R O F I T A R T S
```

```
              N I
              T N M
    S S   S U C A P O
    P Y R O C U M U L U S
    A L T O S T R A T U S
  C U M U L O G E N I T U S
  C U M U L O N I M B U S I U
  D S U L U M U C O T A R T S
```

ALTOCUMULUS   CUMULONIMBUS

ALTOSTRATUS   INCUS

CASTELLANUS   OPACUS

CIRROSTRATUS   PYROCUMULUS

CIRRUS   STRATIFORMIS

CUMULOGENITUS   STRATOCUMULUS

TIME

```
P Q G E O C R S E T P S U D T
S L T R O H O T E T A H C E C
T E D U L O E M P U L R A D T
S G N T E L A R M A G C A L L
T T A S L X O T M E P R R C E
U U L E C N P E T E N E A U T
T O E G O S A L S R P T N C A
T H E U P T L A A S E D S A B
E S N E N P E R I I E S A A E
R C E E K T S H N R N G S E D
E C C U L H W E S R T N U A C
H C T T A I T T Q U A R R E L
A N Y U T S A G N I S S E N C
L A H U I N H E G A U G N A L
S R G L D A U T C E L A I D W
```

ACCENT	LANGUAGE	TEASE
ARGUE	LISTEN	TELL
ASSERT	PRONOUNCE	UNDERSTAND
CALL	QUARREL	WHISPER
CHAT	SAY	
COMMENT	SHOUT	
DEBATE	SING	
DIALECT	SPEECH	
EXPLAIN	STUTTER	
GESTURE	TALK	

TIME

SHAPES

```
            K M O
          L R I P S S E
        E R E T A C U P R
      E H E C E R O I B H I
  W R E D T M A N V H M E E
    E A X N A U L E E A E O R
E D U A I N I L T N T L C H E
P G Q G L G Z E R O P L I E R
D E S O Y L E L I G Y I R A N
  N N N C E P O A A R P C R
  R O T R E A G N T A S L T
    A M A H R R G C M E E
      T A G T A L O I E
        S I O M E R D
          D N E
```

CIRCLE
CONE
CYLINDER
DIAMOND
ELLIPSE
HEART
HEXAGON
KITE
OCTAGON

OVAL
PARALLELOGRAM
PENTAGON
PYRAMID
RECTANGLE
RHOMBUS
SPHERE
SQUARE
STAR

TRAPEZIUM
TRIANGLE
WEDGE

TIME

```
I B Q T N A A R B I T E R E I
E B L I I S P W D C F E W O D
R G W I I M A T G A N R G Q N
K B C C T R E R A P O R T U A
N P P A D Z G R A O A G E E C
A T O I P N C S K N B N N E N
R K N H I T S H D E D I D N G
I C I K S A U M E I G N G P E
K E I I N I A R O S P E A A T
C H A T K S B H E G S P M W H
A C N C T R A S K G W O E N G
L B I E I S O N R G P H C A I
B E R K C A T F G E B C I R N
D R A O B S S E H C A I K T K
K E C A S T L E T I B M A G E
```

ARBITER

BISHOP

BLACK

BLITZ CHESS

CAPTURE

CASTLE

CHECK

CHESSBOARD

DRAW

ENDGAME

EN PASSANT

FORK

GAMBIT

GRANDMASTER

KING

KNIGHT

OPENING

PAWN

QUEEN

RANK

ROOK

TIMER

WHITE

WIN

TIME

```
S E I T I L A I C I F I T R A
S E I T I L I B I G N A T N I
Y T I L I B I S S I M D A N I
S E I T I L I B I S N E S N I
S E I T I R A L I M I S S I D
C I T S I L A U D I V I D N I
I N F A L L I B I L I T I E S
S E I T I L I B I S S O P M I
C L C I N I T I A L I Z I N G
E L I G I B I L I T I E S S B
I N C O R R I G I B I L I T Y
R Y T I L I B I C N I V N I I
Y T I L I B I S I V N I E I L
S E I T I L I B I S A E F N I
Y T I L I B I G I L L E T N I
```

ARTIFICIALITIES

DISSIMILARITIES

ELIGIBILITIES

IMPOSSIBILITIES

INADMISSIBILITY

INCORRIGIBILITY

INDIVIDUALISTIC

INEVITABILITIES

INFALLIBILITIES

INFEASIBILITIES

INITIALIZING

INSENSIBILITIES

INTANGIBILITIES

INTELLIGIBILITY

INVINCIBILITY

INVISIBILITY

TIME

```
J Y O O K H T Y M X D V Q V S
U U U Z U H P Y R F L Y Z E Y
T L V Y C M F P Y G M Y B Y T
W L H Y Y S R V C K Y J K L W
E W S L U Y P O H P L Y S Y X
G P Y L O N G P N Z H Q Z L T
X H H K E T Y D S Y R P Y S X
S C B T K H P A Y Y R G M N K
B T P Y R C S K H E Y B Y Y M
L U N C H R Y Y T Z E L O K N
W M Y R R H L E Y K X Q O U F
M Y X U S Y Z S T F R Y N S O
U N G T R T M W Y L Y R P S E
L O Y W M H X G S S A I Z I A
D R Y L Y M N M Y H B O H O X
```

CRYPT	PYGMY	WHY
DRYLY	RHYTHM	WRYLY
FLY	SHYLY	
GYPSY	SLYLY	
HYMN	SPRYLY	
LYNX	STY	
MYRRH	SYLPH	
MYTH	SYNTH	
NYMPH	SYZYGY	
PSYCH	THY	

TIME

DINOSAURS

```
R L C E R A T O S A U R U S A
C R S U M I M O H T I N R O U
A C S S L Y T C A D O R E T P
R O S U S U R U A S O N G E S
O R E C R G A L L I M I M U S
T Y D I S U C O D O L P I D O
P T S P O T A R E C I R T I S
A H S U R U A S O T N O R B C
R O S U R U A S O I H C A R B
I S S U R U A S I H C N A O S
C A V A C E R A T O P S I T N
O U U O I G U A N O D O N C U
L R T S S U R U A S O L L A H
E U S T E G O S A U R U S I T
V S S P I N O S A U R U S M D
```

ALLOSAURUS
ANCHISAURUS
AVACERATOPS
BRACHIOSAURUS
BRONTOSAURUS
CERATOSAURUS
CORYTHOSAURUS
DILOPHOSAURUS
DIPLODOCUS
GALLIMIMUS

IGUANODON
ORNITHOMIMUS
PTERODACTYL
SEGNOSAURUS
SPINOSAURUS
STEGOSAURUS
TRICERATOPS
VELOCIRAPTOR

TIME

EXTREME SPORTS

```
E G S G N I B M I L C K C O R
I E N G N I D R A O B W O N S
N C J I G N I N N U R E E R F
S T E N P L E C H O S E I S S
G P D C I M S N P I G N K S K
N A E M L G U N L S P I E O Y
I R E B E I N J U P J U S R D
P A P E N N M R E U I A P C I
M S D D D S F B M E A N G O V
U A I I P I E P I I G S U T I
J I V N N R I G I N G N N O N
E L I G A N N G U S G O U M G
S I N N G N G N I L I E S B A
A N G R A L L Y D R I V I N G
B G N I P M U J F F I L C G I
```

ABSEILING

BASE JUMPING

BUNGEE JUMPING

CLIFF JUMPING

DEEP DIVING

FREE RUNNING

ICE CLIMBING

LUGE

MOTOCROSS

PARASAILING

RALLY DRIVING

ROCK CLIMBING

SKI JUMPING

SKYDIVING

SNOWBOARDING

SURFING

TIME

....

READING MUSIC

```
K O I G G E P R A R O F T A R
F E C C C H O R D R D E N C A
S E Y D G N T T C C N L E C P
B M R S I E V A T S E C C I P
A L O U I M C R L B C E C A O
S A A R T G I O A F S L A C G
S T I R D A N N C C E B I C G
C P A U U E N A U A R E M A I
L E T C F T N G T E C R S T A
E T S A C I A T I U N T F U T
F T T U I A S N B S R D T R U
S G A R A S T L C E E E O A R
C T C P I P S O U E A M U I A
P R A H S L T I E R G M I E T
E R E S T R L C C O D A I T A
```

ACCENT	CRESCENDO	SHARP
ACCIACCATURA	DIMINUENDO	SLUR
APPOGGIATURA	FLAT	STACCATO
ARPEGGIO	KEY SIGNATURE	STAVE
BASS CLEF	MORDENT	TIE
BEAM	NATURAL	TIME SIGNATURE
CHORD	PAUSE	TREBLE CLEF
CODA	REST	TRILL

TIME

```
Y M I K S S P G R C N A I A E
N C I N N S N A L O A P H S E
R H I N Y O E N I O N P L S R
L O A C D P T T R D V E E I E
C I H N P R C T D A I E H S P
S I G A D I E N E G B M S T A
C A S H D K A A H D A B I A I
V I W E T W E T D G R L I N R
D A R I C B O R I I L O H T E
S P N I N F U C C U N S P P D
N D G I H H I L S H D G R E R
A A R A S A A I B C I I H T O
M E N A N H O L H A T E C C P
M D N H C N A Y F I T Y F E E
M E M O R Y F E A T S N W S R
```

ASSISTANT
CAPE
CARDS
COINS
DICE
DISAPPEAR
GLOVES
HANDKERCHIEFS
HAT

ILLUSION
KNOTTED ROPE
LIGHT BULB
MAGICIAN
MAGIC WAND
MEMORY FEAT
MIND READING
PREDICTION
PSYCHIC

RABBIT
REPAIRED ROPE
SAW IN HALF
SLEIGHT OF HAND
VANISH

TIME

RISING STAR

1

```
H E A R M E
T S L S T L
O R S S L S
U S A E T E
C T M T S E
H S S S E L
```

2

```
T E A M K H
S A L C R E
E F E B L A
H N O K O D
C B N O C W
H A N D T N
```

3

```
U C Y C F U
P C H E U C
N U A I O B
W C P L C J
A L A O F K
F N L A M B
```

4

```
L K A Z O O
B C F B P V
A E L U I I
N L U G A O
J L T L N L
O O E E O A
```

5

```
I A E B E N
P N N A O E
B L S G G P
I O A E E A
R R G N C L
D B A T E T
```

6

```
F T H R E E
O F E X S E
U E I V E T
R S G V V W
R O H U E O
G T T O N E
```

7

```
C O P P E R
S I L V E R
I I R O N L
B R O N Z E
R Z I N C A
O T G O L D
```

8

```
C H D L Y E
O P E A C H
P L U M T R
L Y C H E E
M A N G O N
C H E R R Y
```

9

```
C L U C K H
B A R K M O
K L M E O W
K Y E L P L
S Q U A W K
P U R R T R
```

10

```
D F A R E D
O B W Y O A
O A R O N W
L D G U E E
D G N N A T
O O E G R D
```

11

```
G P O C S N U Y
H R O G L O Z A
A D U O E E U E
P H A M E P Y D
G M N P S M O
Y L S H Y Y C P
B A S H F U L E
E P A H O Y H Y
```

12

```
G L A M B T R P
G A E W S A G I
T L H S G C E G
T A O G O H O S
H H E N O O H W
E E I R E E G E
A P S I E O N E
E E A P P N I E
```

13

```
S C O W Z A P M
P R A W O O O P
L U S S R O G H
A N W M B N N W
T C B A A N G T
N H K B K S H A
T H W A C K H B
W N M L P O W L
```

14

```
G L U C K Y P U
A C Y N M S T E
H D R O G C A I
D A O Y S A B R
I L P S A R R E
G L C P D E A D
P D L R Y D V M
H U N G R Y E K
```

15

```
A M I S L A N D
R O F D F R L N
J U L O E I B E
U N B E R V E A
N T K E R E A R
G A L O A R S A
L I N E H C E T
E N A U F S H N
```

16

```
N S A T U R N R
E U A E I T E R
P U R R R T U V
T U R A I R H E
U V C P N T U N
N U U U R U T U
E J M A R S S S
A M E R C U R Y
```

17

```
P O C I N O E N
P S R S N L I N
D T A F G F I K
U R N A F U L L
K C P N O F R N
N H E E L R I E
G P P A R R O T
```

18

```
Z B R A Z I L J
A P S U Z N A N
M N P D A I I P
B A I I R A D O
I E D T P I U L
A N S S E A I A
I U K E N Y A N
A E S F I J I D
```

19

```
E D R I V E E I
E S T A M I N A
V I T A L I T Y
P O W E R S G H
F O R C E P F I
A P P E T I T E
S T R E N G T H
A P S T P E N Y
```

20

```
E R O N S H L L
C O E E O W F N
S H V T X W O I
E A I N T U O A
E W D M W U R R
I O I W N A G D
W L I L F E L O
O D O O R O Y L
```

21

```
        C O C
    E E B W E P
  E L P I I D A O
B D I R L D A L O A K
  E N C L L R M
    R E H O L
        C W
        C H
```

22

```
I L R I B B B R
L I N E A E L O
K B F R N D I I
I R L O A R W C
T A O B N O G I
E R W O A O T C
I Y E T D M O L
N F R C B L G E
```

23

```
I G N O R E Y R
A D M I R E E E
F D W H O T B A
O E T A I F E C
L W O C S H H N
L A X B H H A E
O E O Y E T V E
W E G A W Y E O
```

24

```
 S       D
HOODIE
LEGGINGS
H SWEATER  E
HO  H E S T  E
    G I A S
    S O R A
    C E I T
```

25

```
A F P C E S H E
E E B E H R E I
R L P R N A S Y
A T A C U C L N
S I P E H S I K
E S E S U O H L
R R P R C G L U E
T S C R A Y O N
```

26

```
          J A Z Z  C
   C O E E U R E A
   O Y I D    G L
   U      I   G Y
 I N    O S   A P
   T    O C   E S
 C R Y  O     O
   Y          L E
```

27

```
G N A M A Z O N
N I O G N S U M
O L R E U C K E
O E I D A Y N K
Y A N G T Z E O
N I O I E Y A N
N O C O N G O G
I I O N I G E R
```

28

```
B T P M F I T E
G F S E B I O S
E O O R B G S A
R S H B C A T H
B H A M S T E R
I R R H I E D I
L M O U S E O B
M O P O N Y G A
```

29

```
D T N I M L R E
L L P S A O L A
I P A R S P R E
M J A R P A V O
E O A A E I R L
D E E D L M T G
F S G O E O E E
M F O R E S T E
```

30

```
M Y I O N T R E
I I A A L A R A
R I D A Z I V O
H O B N H U G Y
M O Y P I I R Y
C G P A D G K E
A A U N L S H H
S O I E H Y H T
```

SHOOTING STAR

31

```
E B E N G I O O O N
N B O L R R G R I G
L H A L B E E L O B
K E A L S B T E O O
E H T P L C O T N O
L L I T P O H W A K
N T B P E Y O O B P
Y O S B P R O N O R
E O L E U O O H O L
S I L L Y B N L E A
```

32

```
R A T R E E S U T G
S E F O R O I T A P
S E L B A T E G E V
E A O K B I E O T T
P S W H N E T T P W
O O E H C I G E A B
N T R A S N R D E G
D O S E E N E P E S
L A W N H S U B S H
L H E R B S E D S B
```

33

```
S E R C A U E A C A
A A E S I R E N A C
T I M R L I M T C I
E A S C A F E A T I
U C A A R R C R A R
R I R A T I I I M I
O A A S C A T M A E
P F O A U T U I C U
E A C A A A T C U R
R S A E R A F A A C
```

34

```
A N           A I
L LONGEARED
B SNOWY  T B
S O  [ ] O T [ ] A A R
E C R O R L A N
Y N O E O S N
N Y P A S S
H A W K S L Y R
D E R A E T R O H S
L L I T T L E T T B
```

35

```
S S L U G G I S H D
S L E E P I N G R E
U T U G N I Z O D T
I I N M R I W I P S
D R L S B S H N S U
H E A V Y E Y E D A
S D T U O N R O W H
D E N I A R D I P X
N A P P I N G N N E
C I G R A H T E L G
```

36

```
I K P T O R R A C L
B L C U C U M B E R
C Y O E M D C T L K
O A L C O P T R E C
T Y B A C U K C E E
A L E B C O N I K L
T P A E A O R E N E
O L O P I G O B B R
P L U N U B E R O Y
E C O H S I D A R O
```

37

```
J F R L I R P A R I
U R E F A O E U E E
N E B B B Y U N B Y
E M E B B U A A T U
C R E T O L Y A U C
R V O E R O U P E J
A N S A U G U S T A J
R E B M E C E D B O
```

38

```
H M E C I L E M O N
O R L E L L N Y G T
N I P A E I O T E M
E Y R A M O E A T P
Y N R G Y G M N M U L
R E P P E P N D N E
Y H R N T N I M E R
E C P N N A C P I R
A L A L E E F F O T
```

39

```
Y J Y L A A M L A L
S M S A M N S A J U
E S A A E C A N S A K
L S L M I X I O A I E
N I A R S F S F C J
A A A A I A A S L L
S A M A I A I O E A
A O S Z U I D S T J
T A O A E L A A A M
S E M A J A N A E A
```

40

```
R T E K E E R C M I
L D S K T K D H A A E
A N T T A R A H R E S
N U U E I L F D S H T
A S A R T A L E H T
C O R C T E R L E S
A L Y D R W E T A R
R R A P I D S A S K
R L L A F R E T A W
E E R Y R A H K R L
```

41

```
        D     E
V I O L E T O L
C A R N A T I O N Y
A E L A Z A P L
D A F F O D I L
R E W O L F L L A W
O R C H I D U I T
    W     E W R I S
                  O S
```

42

```
D R Y A I L E E P P
A S D U D L P N E N
E D O U K R I I E A P
O E S R I U W A Y R
W T A N S S T T R E
A P S S H L E E D N
S E D L I E I N U U
H E W W N R E A R U
B W U K E S L S C A
B D H S I L O P S U
```

43

```
            P C
        E   H E O
    E G A P E S O B
    O A S U P E T I A
O L I U R A E O M R C   B A C O N
F V E E S N H T C A     N
E E U U
S A B T
```

44

```
Y H C C Y S H H U J
H E G R A H C T H O
U D R S C S R R I G
P U E S T N I R P S
H S O C P P R S T R
R C R R A H P C T S
U O R A C R T U D P
S O B E A E L R A E
H T E P G H O R S E
C E Y R C S B Y H D
```

45

```
P R I M R O S E B R
R U D M L S A U R L
B E D L T E T W I W
A L W R O T M D N B
N B A O E G O O X O
A W F R X L F R O N A
N U C A F D N R D M
A U W A F D N R O B
P F D A E O U U C E
M U S T A R D B S R
```

46

```
L S A L M O N P A F
F A H E I H S I I B
L U R R M P S R S U
A S R O I H O H L B
M T P O C M O C H B
I M N U S C P E L L
N R E K E H H R E E
G M I I G C O I S G
O N N F S A T S P U
G G S S M P M E R M
```

47

```
S O E N M O U T H N
W S E E H R E C I E
O F F Y T M H H S E
R O A R E E C O U A
B R P U E S N G L E
E E H K T C N U I A
Y H S H S O K E P R
E K K T A E L S E S
C A P H K L E N E S
O D I E O C H O E S
```

48

```
O T N E R R A Z I B
U N C O M M O N F D
L A M R O N B A D E
K O O K Y T N O Y E
D R I E W T D O C D
O U T L A N D I S H
L A U S U N U A E A
S A T T A E B F F O
M I P E C U L I A R
C T N E R E F F I D
```

49

```
E B L U E B E R R Y
R E B M U C U C A A
O A G T M L I M E P
G R U P O A M B G P
C A A C E R N A U L
B L V N E A R G C E
R M A P G P R A O O
R R G N C E A V C E
Y R R E B W A R T S
A E L E M O N R G A
```

50

BLACKCAT · BROOMSTICK · OCTOBER · PUMPKIN

51

```
S S S E V O L G L I
N A M O N S E C R
I Z G N I Z E E R F
D S E S O S R E E O
L E I E F R O S T T
O I D E I B F S T T
C R I C I C L E S
L R E R I A N E L T
E E I R R R L E L V
I B R F S S D E O L
```

52

```
R G N I M M I W S E
E E W A T E S E F C
M R L A P E A S H O
A C E A A I R E U S
R A H A S X E C T U B
C D C O P O T L I A
E I L F O A M I G C
C F M R N A F A O H
I I S S E M A G C N
```

53

54

```
C A F E T E R I A C
E S R E K C O L L R
C L S R E H C A E T
N C I F R S S J S R
A G E B K S E E E O
R Y K S R P T C S A
T M E O T A I A A I
N D O O I F R O G C
E M O L F T N Y K E
D N U O R G Y A L P
```

55

```
A R H O S P I T A L
H H F C K C A H S A
F R N A C Y T T C A
L A R M C H O T E L
O M A A P T U O P S
O E N S L A O R H H
H C I E I L E O R C B
I I M O A C T L Y H
S C M O C T R O F O
T L H N E L B A T S
```

56

```
I A S R A G R U D R
P J U P I T E R D
A S R A M P S H A A
V H E R M E S U O R
R E R O S D G S E R
A U K O K I A D D Z
P S A R A S W A T I
I G A N A Z I P E T
E R A I L A K E R D
J N O D I E S O P R
```

57

APPLE · CHERRY · LEMON

58

59

```
T M R E R U T A N S
S W S S E V A E L S
T T T U R S R A I N
T R C A N E S A F R
A E E E N L W O I S
L I R E S I I O M U
R R I G S N M G L S
S T I U R F J A H F
P L A N T S R E L T
S R H R E B I R D S
```

60

```
P N A A C T O R T D
I L N A N N Y L M S
L O W A I O L O E I
O T R N N C R D R G
T I I W E I I C D O
S C T C T M S W L L
I T R T Y I R T M E
R E K A M Y O T O R
A S T R O N A U T R
```

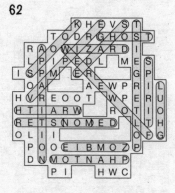

SUPER STAR

61

```
M R F A N T A S T I C H I
A G G H U M A N T O R C H
N D N B A T M A N P I L A
W A A I I B O P R B S D N
O E M R H O E T O P H E A
L O N O E T G S G E S R M
V A O H W D E E U H A O R
E R R T U R E H E R L B E
R T U C N H E V T D F I P
I C R V U H I D I G E N U
N E O L H M E A N L H K S
E L K N W U G A F O T M E
C E Y O B R E P U S W L O
```

62

```
        K H E V S T
      T O D R G H O S T
    R A O W I Z A R D I
    L P I P E D L   M E S
    I S P M E R R   E G
    O A   A E W P R I L U O
  H V R E O O T W P E R I O H
  H T I I A R W   R O T I T H
  R E T S N O M E D   L T F G
  O L I I           L O
  P O O E I B M O Z P
  D N M O T N A H P
    P I   H W C
```

63

```
D B T A E M D E R A S C E
C W S E C I U J T E O G S
E A Y O R T T S L N P B E
R E T R N W G A B F T I E
E I I O W P A E S A E A T
A B A G A T C G N E T N A
U E D R E T G V S M D S O
V L L G I E R T A E O E P
E N E O O R I E G T R O P
E V N E D U X I U C I F E E
P S T A R S M C I H C O A
T U R F A E G T E W W D T
I C G E S E T C S L I O N
```

64

```
G C I N D E R E L L A B D
L S D S S G U R P L C O S
E L K E S I N I D B O U R
Z E I C M E N W I H G E A
U S E N O O X G G L R B E
N M C C L B N Y E M G B
P A K C D A I S X I U E R E
A H H J D D I D H R S E E
R I A W I S L T L M P T R
O C O R T R M L B O E E H
K L D E M O A M E J G U T
F E R E T I H W W O N S A
R S H C T I W D E K C I W
```

65

```
  N B L A H
  N I Y L L R O
  I R R L E T S O H
  G C O B A L L I V L A
R A I A R L C H A L E D R
E R E C A L A P A T N E T
P R E   T T   H     L   C
R E     T     E   N I   A
W T   T N N E G D O L C O I   S
O   H O T E L E T L N I B A C L
T       S A E     D L       T E
B E S U O H       P L W E O
```

66

```
D Y N F P S P H I N X E A
D H P Y R A M I D S H P F
M U M M Y O B E L I S K T
H O A R A H P H I S S H E
R R O S I R I S I M P K R
S E S S L R D T E Y Y A L
P E L I N Y I R L F S M I
G D P A N T S G A C S U F
L S I A R P O E R L I L E
L H S E T R D I V X R E Y
S T F P E I B Y X A S T R
Y E E I N E D S L T L T B
N T H E B E S T R R H S S
```

67

```
S C I E M P E R O R C L G
S S D A D A O H A H C N S
R R E N G E F N N H I O I
O E I L R S E R I K G S A
C P S I T L E N I A S N E
K H N S T H S R P C T L R
O G I U R E L I R N Y N M
P L O A I A T C L A S O S
P S P L G L T R L F A N B
E A E E F J O R D L A N D
R D P L C I N O R A C A M
A P H U M B O L D T R D R
```

68

```
R S N L D A F M E F I W B
I N R O O I O N H I U H R
A U N T M B S N I C E H O
H L R O S I T G C E R S T
O T H U I D E E H H D I H
T I N E S N R H H R I B E
C R N A T W P U E E F L R
R O N L E E A S N T A I D
W U U T H R B A G H G R G
T E C S D P E A E H G R F
R F O E I E N N C U E R F
W N N I U N T D E A B A C
R M O T H E R B T D A D E
```

69

```
                P M
                E A
                E R
                L D
S R W F O R T Y W I N K S S
I S E O E C F O D O N S L U
E I W S N A P F K I P O U M
S S H U D E Y E O D A D M B
T F F O T F I R D P O O O E
A S N O O Z E I O Z O I E R
E T U O N R O W E W Z R R Z
E O                   Z D
```

70

```
I V S A B N A M I B A T I
N I S A B T A E R G A O M
A S I B E A K K N K A R R
H A H R A O L R L A D N S
S H H B U L N A L Z Z K O
A A N R T A M A U U I A N
L R H B I A D N M R A V O
A A O B K K G U A T N I R
A G A A A A K H S R A B A
N R N P R A A O I U I A A
A U T I R L D A T T B S N
R E A A A R Z A A S U I T
B T K K O S T I A N N L U
```

71

```
P S O R O I S T E L O I V
A S M U E A A R C A L I L
S R I U S D M T O M I R N
S E U L L E C E S V A I L
I S C S A P N A T S L S T
O N L I E V T U B H E E E
N I I R U P E S R B Y S S
F S S A L J A N I P A S D
R I L B O E E R D G S G I
U A Y R E S I P G E L A E
I R I S G I F P A D R S I
T F G I H G M R R R E H A
I S A T U R N I P S G R I
```

72

```
S L I F E J A C K E T S E
V O C L O W N F I S H R S
A B A S K E T B A L L S E G
S P E A C H E S S N A O
T L G P S G F D O E P L
O A I F U L L C E U A D
C R V F K A O C A M D T F
R A M M G I L P M I T I
A E E I F A K A G B E S
R C S R F S I S E T K E H
P G A A I N S R P R N E B
A M R T S E S U P F S A C
S T R L S A M U S T A S C
```

73

```
O R A Z I D R D D E L A L
L A E F R O G E G D F E O
E B I V O B E A S R R W E
S R G D A T R U G R L T N
A R M E A E Q E I O L T E
E R I O G M B U R E F R T
W O T D D E Q E E T A E R
I S A L M S E I T B L E A
A B E D D D Q I B O D B M
F I A E E P E I W D A A E
F B R O O M T A E G E D N
O R B D D E E E S I O G I
T T X E L P R R X O F R P
```

74

```
      H E L A T
      H H C E A A O
      C A         R T
      M C         C S
A T E O Y A T D E E H B E
I R H E S I S N P S K E C
A P N K C A O A C S C A H
K O O K C H S L S A O C H
M O E T P S O C S L L H R
B T I D P T P U E G B W G
S U A O H K G S M N N E E
S E R E E C G E A U U A B
H T S S Y L S B G S S R S
```

75

```
E N H E S O C H E C K I N
T T O N L A T N R U T E R
R S E I O E T E F I D I C
O E E G C T M T A R A F Y T
U T A T G A S O V S E R A
T O G N R E N I H N A I K
E F G M O R R I R P R T E
V F A P A R Y U T P G A N
N U B C A P O R O S D T F
I N O E T J E R R A E R E
M S I R U O T B U E G D O
N O I S R U C X E R F U R
E G R E N O I T A T S U S
```

76

```
A H A L L O W E E N R T M
T S W S N R O C A R F S N
O S E O S V A R S D R M S
O E E Q T E R S E H O H R
D V A V U A A T V E S O O
R E Q W R I I U A S T S V
E V C V E A N N E N V W A
S E E U D R C O L U S A A
N S O S A N O S X S C A S
T E E I L C I E O T H L A
C E N E O S R W S E O L I R
T O D L D A L I W L O O V
V R D U I S M X S E L T H
```

77

```
L T T A D P O L E S A E D
N E W S H O O T S R M S I
S D U B R G R S B E O O O
D C S E C E O W O T S D S
C R L P Y A W E E S S E L
H O K P O R L O O A O S I
I C S S S R E V L E L T D
C U R H B B D N E P B H O
K S E W S T M W E S L G F
S E W O R V L A O E S N F
S S O B L E C E L N R L A
T O H T W O R G L G S G D
H H S R A I N B O W S W O
```

78

```
W H L R A R T R O V C R H
R C A A I A N W A H O M E
I T A T L M U A H R T R U
S A S A R N T O A D E L M
T W Y R I U N T A I V U I
W A P R M O I I G M O D N
A T O C W M O D I Y E L N
T Z E N N O R I O U E P D
H E R S N A W U T D I N S
R A A T O M I C C L O C K
H O U R G L A S S A N O S
E S Q I S E M I H C S T N
```

79

```
N O O N R E T F A D I H H
E M I T T S A F K A E R B
M O T U M I D N I G H T S
I F N D E N M A B E Y B U
T M O R N I N G M A E M N
Y I O L T E I E D I W D
A S N T E V T R T D A E O
D F R S E R S I D D T N W
G D N N E U M A N R F F N
D U I N D E Y E M E U A U
S N N L L A F T H G I N R
G I T H G I N F O D A E D
D E T E S I R N U S I S E
```

80

```
N I L R A M K C A L B R S
K E L G A E N E D L O G F
C F H S I F L I A S S E R
U N R O N O C L A F R Y G
B R I S E E C G K S Y B
K R S O G T O L L P I R
C A I H A R E R R L F O
A H O B F G T X O P I E W
L E P N L D N E C L O S N
B E H O E G R O B H N H A
D T E N B D G O R I F O
G A Y O R B A G W P R H R
F H K N O E G I P S N D E
```

81

```
Y P O O L N O O D L E E
B A T H I N G S U I T K D
T R E B W A V E S G O O I
L E A K N A F D N R D R V
W T O S O O H I T E T T N
A A A T D R H S E S D S N
R W F I F S T P F A I K G
C E V R A S E S N Y L C B
T E O L A N D E E D I A O
N P P E D E T E E D T B A
O S R D R A U G E F I U D
R B B U T T E R F L Y S D
F T S O N E W O L L A H S
```

82

```
      T W I G S
    S D N E I R F
    K N G I L
    C O N C
    I T T
  N R S T T O P
F R A C S S U R I
E D A P S   P M B R P
R O L L I N G S N O W A E
L E V A R G   V L A O C C
S E H T O L C M R A W R O
G L O V E S   B O O T S B
S N O W S C U L P T I N G
```

83

```
R B S S T A L P S W S S M
H S I W S S K P S C C A H
K P H B P C P I P S U S P
E S N S A M E L R C I H S
L K R U O E U S A U P R P
G O O H O L C H O S O S I
R O O L R L S S T A H I N
A E B M I A C C R E P R S
G O E H T H R G H P N I U
T R E P P N S H L T W B K
N H P T O S B S P A H B U A
O S S C H I R P B O O I A
A G K O K M P S T S G T K
```

84

```
R Y I L O R E G A N O L E
B S S A F F R O N V L R R V
H A T H Y M E U N A A A E R
N O S N D E E S I N A W P A
N L R I E C N A N A M O R S
O R V S U N U S Y I L F L E
G L E C E H E M N N E S L Y
A A P E E R S T I N N R L E
R R O S E M A R Y N N R E W
R S E V I H C D N H E D Y N
A K I R P A P I Y F L W F
T E R E P I N U J S A E N
A F P P R E N N K M H F F
```

85

```
M T A B O R C A R A U R K
M P O T G I B W R R I N S
E T R A P E Z P E N I T T
N H L N G L C T G F L N L
I T N E T L A M E U T A T
L P O E O E A T A O L I J
O T O W E S H S P A C C U
P R N R T R R H A O E I G
M I E O E A P O O H G G L
A E B W M I M N T E C A L
R M E O R P R I I T T M
T R S P E C N E I D U A R
R E P O R T H G I T H H G
```

86

```
T R D N S G N I T N I A P
E R E T N E T O N O D H L
N B R S K O O B D O T E E
P P O O C L O T H E S C D
S M H R O B R N K R O U A
W A A N D D G N M K I P H
E S O L D R N T E R N B S
O E S K D P A O O R O O T
D E B N M N M W E Y N A H
O H O M E W O R K M S R G
S K N A B Y G G I P A D I
N T S N I A T R U C I N L
E O M S R E T S O P N N O
```

87

```
T E Q U O L C T R O O K T
L E E T C E T M S I U D T
C I I A I A R R P E H I E
I L T M L E T E X T E E N A
L L E I R P R I S H S R L
O E M W B B F M T S U A P
E A T O K E R N R R N N R O
A C L U A O L A I E O N I
T S T K L L S L N W F S N
Y A W Y K L I I M T R D L
K R W D I O R E T S A I M
L T O M A K E M A K E T A
```

88

```
C A T T O R T X O P B O N
B M E R E N G U E A A O N
T A R A N T E L L A L M A
S M P A E A B M U R L N B
G D A E T L M R H S E B M
T O I V T A B A S B T A A
V G M S O S A O M B G A S
S N U O C N K A D B N O R
T A P N A O A C H O O L O
H T L C A G C S I S S R O
M G N S K S G O S U I A O
M A C A R E N A N O O R P
C B F B H A N G R A B A I
```

89

```
M S O C E H K A L I I C B
B I P A H S A E E I M O O
T I N E C I E V O L C C R
P O C I K H H T A I D K D
A C Y H S I S U L N C E E
P O E P O C N H A A E R T
I R L P O N H G U H M S T
L G G E C O F N E N U P E
L U A I P L D R A S D A R
O E E C R U E L I U E N R
N O B E Z O G M E S Z I I
N A I N A R E M O P E E E
L L E S S U R K C A J U R
```

90

```
R V F C T N D R T R O L D
E I H O P R A P O N G A A
Z O R C X T E T N R R M O
U P L I U H T X C C E Y B
A O R D S W O N O S Y O L
N I L E E H A U H B Y H O
H N W I T M S E N E O U O
C T L D R R E E I D U R D
S E O E X P I O T O N B H
R R B P D N R E U T D A U
D O C O L L I E V T L E U
D W G I K U L A S E E R B
N A I T A M L A D O R G D
```

91

```
Q C Z N Y Z Z I P N Z Z O
U N E Z I R P N U O A A M
I E L Z Z U P I R R Y A C
Z F Y J P O G E B Z Z R G
        N Z E Z E A C
        I E Z I C Z Y
        Z A Z O N Y A
        A Z Z O Z Z E
        M Z Z Z D Z P
A B U Z Z I N G I L A Z Y
B B E Z Z A E D G Z Z P M
I J I Z E B Z U Y U Z R F
Z Z A J Z I O O Z A A Z
```

92

```
R E A D I N G S I I P B V
S E N A L P R E P A P I R
G N I D L I U B L E D O M
N S P B A K I N G E N V G
E E L U I G I G O A T I N
I M G N G M N G A G P G I
A A E S A N A I N G S I T
G G P G W M I I T E G O N
N D I D E A H S L I A A I
E R B S N C S Z S R R U A
O A S U T O Z G D E R W P
L O T A J U N S I G R B O
I B W N P A I E B J S D O
```

93

```
L T S I T N A L T A O H R
N A E R M E D U S A S A O
A F D V U T I D D E O G B
M V S Y L H E T M D R B I
N A N D O R T A T E G T N
E M O S A F G R S R D O H
E P W I U L T O A I C O O
R I M N I R R H A M A F O
R A G A C A M E S Y G D
G E I T E A R C G L R I U
K I D R S E N A I I A B E
S F E S M E R L I N R K R
I B N R P D E H A U H H E
```

94

```
R Y L K C I U Q Y Y L I L
I R K Y B O S S I L Y R E
L U C K I L Y R Y I L F R
L Y V R I V Y L L S T Y L
L O L R L A L Y R S I L G
S K V D L M Q I A E R E L
C U Y A U Y N M E M E V Y
A Y K L B O L P L O D A L
R L S U I X R I C E L T T
I R D S I F Y P D Y Y B H
L D I L L A O Y V D O Q J
Y L I R G N A O S K I L I
Y W E I R D L Y G R R G U
```

95

```
C F G T N A G E L E H U W
N A F D M L X N U A U I O
C L R N I N A E T I L S L
U M N E I G C C L L A F L
R U E L F I I I P S S U
I O S I R B A U N T W P M I H
O U C O S Y Q E U N L X I C
U S A U I H U L Q U R A P R
A L S V E G N A R T S W U
L G E N U I N E T T I R W
U N U P L A R U T A N R E
E L L I I N S E L F I S H
```

96

```
C N K B U N D T C E D F C
H H E E E F F O C A E H E
O H D G N I D D E W R K E
C T D F I N E R C I A N G
O B A A R E B F S C O C N
L I L A K R A T E M E G O
A A M O E I M S E C C G P
T F O G R A E L C B A S S
E T N Y S E C U P C A K E
R I T T H L E G N A N T I
G M E C E L P P A G I E E
T S E R O F K C A L B E K
N P P A N E T T O N E I F
```

97

```
O S N O H G P H P O O Z A K N
M T A F E O O D I R E G D I D
E E X L N B F O T E T C R T
U I T L O O U R O U A T C E E R
N R A T A P T O E A H E L D O
O S E B R H E H P O C G R M
H I H M T U B U O X L O B U O
P U W U F C C G A E O G C E N
U E D E R R O D N P O G O U R E
P E T L I G L S I R S I L E
B E N O X L E S L N P G L E F
O R A E A E A S E R L E P E U
I O W I N B M T T E R E S R C
E E S A T F R E N C H H O R N
```

98

```
R R B E S T R A W B E R R Y Y
W R B L A C K B E R R Y R I E
Y E A E C R A N B E R R Y Y T
R A R R Y Y Y B L R E E R R Y
R B Y B E A B D S R B R E R R
E R Y R R E B E S O O G L R E M
B R N R R R G R N Y Y E R B A Y
E E R Y B E Y B R Y B U L N Y
U L R E R M B R R E E Y G O N
L Y R R R E R N L O A K E G Y
B R E L H B R K A L O R A N U
Y U O A P I C B R G E B K I E
E L L S U U O R B Y O E U L A
R G A L H E Y R R E B U M Y
E R R Y Y R R E B L I B A B L
```

99

```
H A W K S B I L L T U R T L E
R G E S D R O T A G I L L A S
L E L I I N A M I A C Z R N R
I L I C N U U W E N S N A K E
V T D U O E T R I L O P E T O
E R O A S A U P S G P G D O C
D U C R A S A E A I E I O R H
Y T O E U R A R N C Z O K T M
N D R T R T D G K A C T N O I
R N C E U O T O R A T W I S E
O O T R D U T O R O K R K S L
H P T O R M R O W W O L S E
T L M T T I P A N A U G O O
E O L E L T R U T X O B E P N
K E E L T R U T N E E R G A E
```

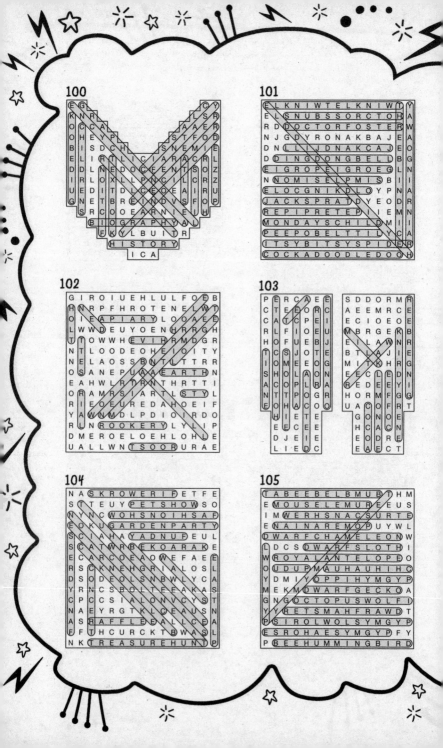

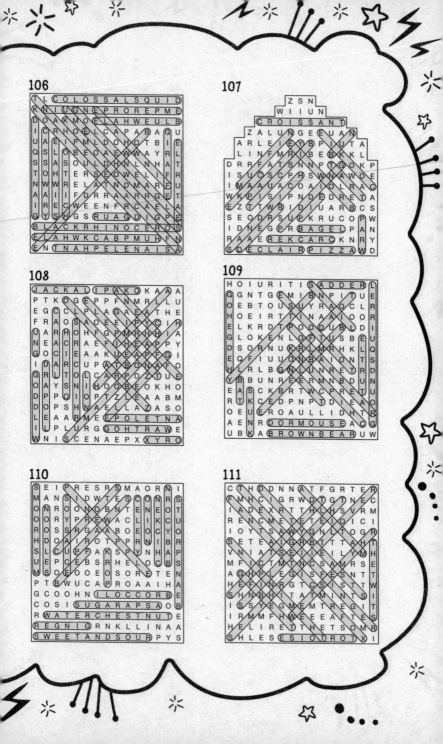

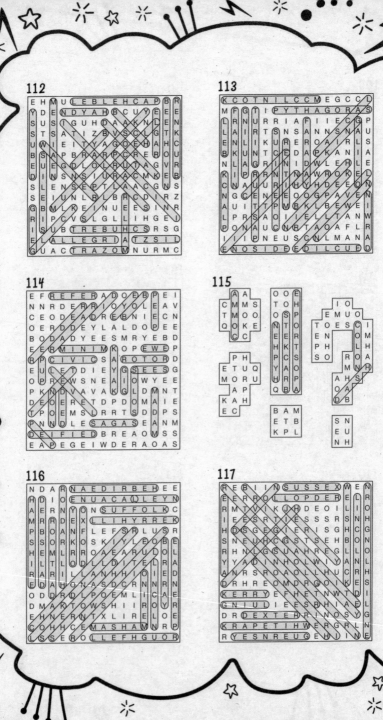

118

119

120

121

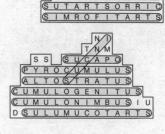

122

123

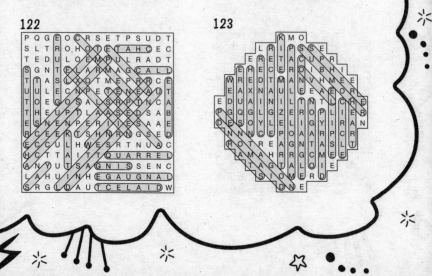

124

```
I B Q T N A A R B I T E R E I
E B L I I S P W D C F E W O D
R G W I I M A T G A N R G O N
K N B C C T R E R A P O R T U A
A T O I P N C S K N B N N N E C N
R N H I T S H D E D I D N P E
I C I K S A U M E I G N G N E
K E I I N I A R O S P E A A T H
C H A T K S B H E G S P M W W
A C N C T R A S K G W Q E N U
L B I E I S O N R G P H C A I
B E R K C A T F G E B C I R N
D R A O B S S E H C A I K T K
K E C A S T L E T I B M A G E
```

125

```
S E I T I L A I C I F I T R A
S E I T I L I B I G N A T N I
Y T I L I B I S S I M D A N I
S E I T I L I B I S N E S N I
S E I T I R A L I M I S S I D
C I T S I L A U D I V I D N I
I N F A L L I B I L I T I E S
S E I T I L I B I S S O P M I
C L C I N I T I A L I Z I N G
E L I G I B I L I T I E S S B
I N C O R R I G I B I L I T Y
R Y T I L I B I C N I V N I I
Y T I L I B I S I V N I E I L
S E I T I L I B I S A E F N I
Y T I L I B I G I L L E T N I
```

126

```
J Y O O K H T Y M X D V Q V S
U U U Z U H P Y R F L Y Z E Y
T L V Y C M F P Y G M Y B Y T
W L H Y Y S R V C K Y J K L W
E W S L U Y Y P O H P L Y S Y
G P Y L O N G P N Z H Q Z L T
X H H K E T Y D S Y R P Y S X
S C B T K H P A Y Y R G M N K
B T P Y R C S K H E Y B Y M
L U N C H R Y Y T Z E L O K N
W M Y R R H L E Y K X Q O U F
M Y X U S Y Z S T F R Y N S O
U N G T R T M W Y L Y R P S E
L O W M H X G S S A I Z I A
O R Y L Y M N M Y H B O H O X
```

127

```
R L C E R A T O S A U R U S A
C R S U M I M O H T I N R O U
A O S S L Y T C A D O R E T P
R O S U S U R U A S O N G E S
O R Y E C R G A L L I M I M U S
T Y D I S U C O D O L P I D O
P T H S P O T A R E C I R T I S
A R O S U R U A S O T N O R B C
R I S S U R U A S O I H C R A B
I C A S U R U A S I H C N A O S
O U A V A C E R A T O P S I T N
L R T S U U O I G U A N O D O N C U
E U S S U R U A S O L L A H
V S S T E G O S A U R U S I T
S P I N O S A U R U S M D
```

128

```
E G S G N I B M I L C K C O R
I E N G N I D R A O B W O N S
N C J I G N I N N U R E E R P
S T E N P L E C H O S E I S S
G P D C I M S N P I G N K S K
N A E M L G U N L S P I E O Y
I R E B E I N J U P J U S R D
P A P E N N M R E U I A P C I
M S D D D S F B M E A N G O V
U A I I P I E P T I G S U T I
J A I I N N R I G I N G N N O N
E L I G A N N G U S G O U M G
S A I N N G N G N I I E S B A
A B N G R A L L Y D R I V I N G
B G N I P M U J F F I L O G I
```

129

```
K O I G G E P R A R O F T A R
F E C C C H O R D R D E N C A
S E Y D G N T T C C N L E C P
B M R S I E V A T S E C C I P
A L O U I M C R L B C E C A O
S A A R T G I O A P S L A C G
S T I R D A N N C C E B I C G
C P A U U E N A U A R E M A I
L E T C F T N G T E C R S T A
E T S A C I A D I U N T F U U
F T T U I A S N B S R D T R U
S G A R A S T L C E E E O A R
C T C P I P S O U E A M U I A
P R A H S L T I E R G M I E T
E R E S T R U C C O D A I T A
```